나는 신이다 고로 말한다

나는 신이다 고로 말한다

발행일   2019년 2월 28일

지은이   풍월 최선달
펴낸이   손 형 국
펴낸곳   (주)북랩
편집인   선일영   편집   오경진, 최승헌, 최예은, 김경무
디자인   이현수, 김민하, 한수희, 김윤주, 허지혜   제작   박기성, 황동현, 구성우, 정성배
마케팅   김회란, 박진관, 조하라
출판등록   2004. 12. 1(제2012-000051호)
주소   서울시 금천구 가산디지털 1로 168, 우림라이온스밸리 B동 B113, 114호
홈페이지   www.book.co.kr
전화번호   (02)2026-5777   팩스   (02)2026-5747
ISBN   979-11-6299-504-4 03190 (종이책)   979-11-6299-505-1 05190 (전자책)

이 도서의 국립중앙도서관 출판예정도서목록(CIP)은 서지정보유통지원시스템 홈페이지(http://seoji.nl.go.kr)와
국가자료공동목록시스템(http://www.nl.go.kr/kolisnet)에서 이용하실 수 있습니다.

(주)북랩 성공출판의 파트너
북랩 홈페이지와 패밀리 사이트에서 다양한 출판 솔루션을 만나 보세요!
홈페이지 book.co.kr   •   **블로그** blog.naver.com/essaybook   •   **원고모집** book@book.co.kr

나는 신이다 고로 말한다

I am a God, therefore I say to the human world.

풍월 **최선달** 지음

지구인은 알아야 한다! 배워야 한다! 깨어나야 한다!

The people of Earth should know! You have to learn! You must wake up!

고통과 번뇌가 들끓는 영원한 지옥 행성에 갇힌 인류를 구도하기 위한 지구 역사상 가장 강력한 정신적 지침서

The most powerful spiritual guide in the history of the earth to save mankind trapped
in a planet of eternal hell infested with pain and anguish.

북랩 book Lab

나는 신이다. 고로 말한다.

I am a God, therefore I say to human world.

　인간 세상은 살아도 사는 것이 아니다. 그들의 생존 방식은 태어나서 노상 먹고 마시고 일하고 노는 단조로운 생체 순환에 불과할 뿐만 아니라 사로가 속고 속이는 거짓과 술수가 난무하고 전쟁, 질병, 죽음, 기아, 강도, 살인, 도둑, 사기, 폭력, 증오, 시기, 질투, 비방, 갈등, 음해 등 각종 인적 재앙과 자연 재해가 불시에 작용하여 하루도 근심의 때가 멈추지 않는 날이 없기 때문이다. 따라서 사람 개개인이 독립적인 자유 의지를 지닌 인간 본연의 정체성과 위상을 되찾기 위해서는 인류는 반드시 영적 각성을 통해 사후 고차원 세계로 이동해야 한다. 천국의 모태인 우주는 만물의 생명을 창조하고 관찰하는 세계이므로 지구 같은 척박한 땅의 세계와는 모든 면에서 비교 자체가 되지 않는다. 또한 말이 좋아 지구지 사실 지구는 은하계 중심으로부터 가장 멀리 떨어진 우주 변방에 고립된 별 지옥으로, 타락한 악령들을 가둬 놓고 감시하는 일종의 정신훈련소 같은 만 년 행성 감옥으로 사용되고 있다. 그런 배경에서 인간은 이미 물질의 노예가 돼서 영성이 바닥난 상태나 마찬가지이기 때문에 오늘날까지도 자신들이 왜 살고 죽는지조차 알지 못하고 있다. 그들이 수억만 만 년 동안 물리적 시간과 생물학적 공간에 갇혀 고통의 윤회를 반복하는 근본적인 이유다. 특히, 그들은 태초의 본성을 잃어버린 탓에 불확실한 자신들의 운명을 막연히

신에게 의존하는 극히 어리석은 역사만 반복하고 있다. 이에, 나는 가식과 인위를 배제한 순수한 자연 통찰을 통해 나의 근원과 전생의 기억을 회복한 불멸의 영적 각성자로서, 사람들이 깨우쳐야 할 삶과 죽음의 비밀, 사람의 영혼이 육신에 갇히게 된 사연, 환생의 비밀, 인간의 기원, 천지창조의 비밀, 성서의 출현 배경, 천국과 지옥, 천사와 악마의 실체, 사후세계, UFO의 진실, 신의 정체 그리고 존재의 본질 등 인류의 미지의 숙제로 남아 있는 세상의 신비를 자연 논리적으로 풀어서 누구나 접하기 쉽게 작은 책자로 엮어서 시대를 초월 영원한 인류의 정신 가보로 남겨두고자 한다. 즉 인간은 나의 가르침을 통해 마음으로 존재하는 법을 배워야 한다. 인간은 생각하는 방법과 영적 에너지를 축적하는 법을 배워야 한다. 인간은 타인을 이해하고 자연을 연민하는 법을 배워야 한다. 인간은 물질의 욕심과 육신의 집착에서 벗어나야 한다. 하늘 아래 누구든지 나의 가르침을 좌표 삼아 자신의 본성에 도달한 자는 스스로 영의 파동을 타고 천국에 올라 은하계의 전설이 된다. 인간 세상에서는 그런 무형의 초자연적 깨달음을 얻은 존재를 신으로 찬양한다.

목차

머리말   4

覺悟是靈能 각오시영능   14

奔者走, 走者座, 座者臥, 臥者腐 부자주, 주자좌, 좌자와, 와자부   16

肥猪殺食 비저살식   18

人誕不是福 인탄불시복   20

神不知人, 人不知神 신부지인, 인부지신   22

心正病躱 심정병타   25

心不在, 思不在 심부재, 사부재   28

愚者居外, 智者見理 우자거외, 지자견리   32

偸心不如偸飯 투심불여투반   35

念看一切, 愛上一切 염간일절, 애상일절   38

天不小店 천불소점   41

人鄕 인향   43

思者不孤 사자불고   45

人詩 인시   48

知小知大 지소지대   50

天國的路 천국적로   53

愚者見身, 智者見心 우자견신, 지자견심   56

愚者滿, 賢者空 우자만, 현자공   60

我知道 所以談 아지도 소이담   62

暴富如凶 폭부여흉   66

知者不秋 지자불추   69

不悟者比乞勾更怜 불오자비걸개갱련　72

善遊者 선유자　75

身獸心獸 신수심수　78

愚者爲身, 智者樂心 우자위신, 지자낙심　82

不問弱者 불문약자　84

回心求我 회심구아　87

有慾皆阻, 一空百通 유욕개조, 일공백통　89

我文是生命, 我言是天國 아문시생명, 아언시천국　91

心是自己, 身不是我 심시자기, 신불자아　93

身如外衣, 心如內衣 신여외의, 심여내의　95

不虛擲人生 불허척인생　97

我是, 看完, 聽完, 無所不在 아시, 간완, 청완, 무소부재　99

形者死, 隱者不 형자사, 은자불　101

風的敎誨 풍적교회　103

與夷爲伍 여이위오　105

慾壑使人糊塗 욕학사인호도　108

信我者求 신아자구　110

我不像爾 아불상이　113

忘身思心 망신사심　115

孤寂也會做 고적야회주　117

好果實好種子 호과실호종자　119

心靈器皿 심령기명　120

成就是失, 失就是成 성취시실, 실취시성　122

自省啓迪 자성계적　124

王爲民, 民爲王 왕위민, 민위왕　127

我回星天 아회성천　129

身動心靜 신동심정　131

自己不純, 不要說談 자기불순, 불요설담　135

橡皮筋律 상피근률　137

道起源是自然 도기원시자연　138

舍自身, 回自我 사자신, 회자아　141

善是超惡 선시초악   144

我存在, 我憐憫 아존재, 아연민   146

不要欺騙爾自己 불요기편이자기   148

養生之地 양생지지   150

逃出身子, 回自己心 도출신자, 회자기심   153

知者不死 지자불사   155

擊心要害 격심요해   157

知者皆佛 지자개불   159

心思心竅 심사심규   162

金不能德 금불능덕   164

不知者不知, 知者旣知 부지자부지, 지자기지   166

我言比生重 아언비생중   168

憐憫之心 연민지심   169

舍人自歸 사인자귀   171

愚者臨死還存情 우자임사환존정   173

心思在心 심사재심   175

體是假的, 心是眞的, 身體是假, 人死證明 체시가적, 심시진적, 신체시가, 인사증명 176

善者生, 惡者生 선자생, 악자생   178

生者有身, 死者無身 생자유신, 사자무신   180

身貧心富 신빈심부   182

智者功善, 愚者凶惡 지자공선, 우자흉악   184

看看爾的心意, 看看爾的肉體 간간이적심의, 간간이적육체   185

不義之財, 不可一世, 無染之貧, 萬古長靑 불의지재, 부가일세, 무염지빈, 만고장청   188

體是騙局, 心理核實 체시편국, 심리핵실   189

길 Way   191

善善隨善, 惡惡從惡 선선수선, 악악종악   192

貪求病死 탐구병사   193

人就回家 인취회가   195

錢是瞬間, 德是永遠 전시순간, 덕시영원   197

身是誘餌 신시유이   199

人生如鈺大智慧 인생여옥대지혜   202

人生骈不長久 인생병불장구   204

地底天高 지저천고   210

我言就是天空路, 地人應該淸醒過來 아언취시천공로, 지인응해청성과래   212

害者從禍, 憐者有福 해자종화, 연자유복   215

人與神如, 神與人如 인여신여, 신여인여   217

人生如草芥, 天堂是雪亮 인생여초개, 천당시설량   221

無知者死, 知者易生 무지자사, 지자이생   223

身心互不相容 신심호부상용   226

愼言誣言 신언무언   228

知識不是悟諭 지식불시오유   231

人是心 인시심   233

視如敝屣 시여폐사   234

人生在于自我的心 인생재우자아적심   235

人不離身昇天去 인불이신승천거   236

關於生的 관어생적   238

俗人的會美化人生, 賢者的會否定人生 속인적회미화인생, 현자적회부인인생   239

屁滾尿流 비곤뇨류   242

眞理是比人生更長, 眞理是比人生更美 진리시비인생갱장, 진리시비인생갱미   244

大事大者成 대사대자성   245

繡在田野稻草人 수재전야도초인   247

道是上帝的上帝 도시상제적상제   248

人生是人的觀, 存在是神的念 인생시인적관, 존재시신적념   249

因爲有我, 爾也存在, 因爲有爾, 我也存在 인위유아, 이야존재, 인위유이, 아야존재 251

人生如蝸牛 인생여와우   253

老天不負苦心眼兒 노천불부고심안아   254

驕惡者難聽我指敎 교악자난청아지교   256

自視其覺 자시기각   257

別信體身, 要信自心 별신체신, 요신자심   258

不需學文, 要學自然 부수학문, 요학자연   260

昇借斗還 승차두환   261

無言自然, 有形無常 무언자연, 유형무상   262

反回宇宙 반회우주   264

愚者爲食, 智者爲悟 우자위식, 지자위오   266

膽小鬼不能成爲神 담소귀불능성위신   267

兩條路 양조로   268

反身拔心, 心翎神會 반신발심, 심령신회   270

身正世傳 신정세전   272

人不能, 超自然 인불능, 초자연   274

善者得獎 선자득장   276

自然是善, 善是自然 자연시선, 선시자연   277

仙人之者, 有身之者, 福氣之者 선인지자, 유신지자, 복기지자   279

有思想變, 奐然一新 유사상변, 환연일신   281

大的災難之路, 小的順坦之路 대적재난지로, 소적순탄지로   283

天地之間, 我是神, 不說空話 천지지간, 아시신, 부설공화   284

愚者從身, 智者樂心 우자종신, 지자락심   287

如果不知自己, 不要談論人生 여과부지자기, 불요담론인생   289

惺惺生死 성성생사   290

慾有不安, 無慾無厭 욕유불안, 무욕무염   291

屁滾尿流心比飯心 비곤뇨류심비반심   292

不情之明, 不可自悟 부정지명, 불가자오   294

富中無學, 貧中有學 부중무학, 빈중유학   296

一條活路 일조활로   297

愚者安看身, 智者風流心 우자안간신, 지자풍류심   298

敎都不知道, 眞是愚蠢啊 교도부지도, 진시우준아   300

爲身亡心, 忘身求心 위신망심, 망신구심   301

善是共友, 惡是萬敵 선시공우, 악시만적   303

人的終極是天國 인적종극시천국   304

向看邪惡, 不可能醒 향간사악, 불가능성   305

祝福與禍, 自己動手 축복여화, 자기동수   306

充斥罪惡的天下 충척죄악적천하   307

日思夜想, 不停思索 일사야상, 부정사색   308

誰都可以成爲天, 只需要要不屈之志 수도가이성위천, 지수요요불굴지지   310

人到人的祖國, 神思念上帝的國度 인도인적조국, 신사염상제적국도　312

我是思索而存在, 我是地心而存在 아시사색이존재, 아시지심이존재　313

無能爲力, 自己成神 무능위력, 자기성신　314

知己知道 지기지도 아적도회초월우주, 청종아언회도천국　316

我的道誨超越宇宙, 聽從我言回到天國 아적도회초월우주, 청종아언회도천국　320

鬼鬼崇崇, 心猿意馬, 好心眼兒, 敞開心扉 귀귀수수, 심원의마, 호심안아, 창개심비 328

天向之路, 碑樓之處 천향지로, 비루지처　329

人生賢, 學成傻瓜 인생현, 학성사과　331

如樂似錦 여락사금　334

從自然中拯求 종자연중증구　338

漂浮在世人, 非常的信息 표부재세인, 비상적신식　343

人生在世 인생재세　348

千頭萬緒 천두만서　349

神對人類說 신대인류설　353

登天道 등천도　357

王者歸來 왕자귀래　361

至極躬傾 지극궁경　365

不醒心人, 杳小人物 불성심인, 묘소인물　366

順天懷毒, 禍從口出 순천회독, 화종구출　370

心腐壞者必怕死, 心健全人不怕死 심부괴자필파사, 심건전인불파사　372

愚者不敎, 貪者不敎 우자불교, 탐자불교　374

善善積善, 惡惡滔天 선선적선, 악악도천　378

行者由行 행자유행　380

此乃福星 차내복성　382

智者無敵 지자무적　383

천로 天路　385

맺음말　389

11

"야 이 놈아, 세상에 어디 신선이 따로 있다더냐.
자고로 인간이 욕심 없이 예쁜 꽃(道) 따먹고 살면
그 자가 바로 불사대각 신선(神仙)인 게야! 허허!"

"Since you have been ignorant for tens of millions of years,
you still think that God is hiding in another world.
But if you give up your cunning and evil thoughts
and restore the purity of nature,
you will realize that each of you is God's essence.
Do you understand my words now? HuhHuh!"

-본문 중에서

깨달음의 세계

제1장

覺悟是靈能
각 오 시 영 능

> 깨달음은 마음의 힘이다. 깨달음은 단지 깨달음으로 그치지 않는다. 깨달음
> 은 그 자의 존재 본성이 지닌 정신적인 감수성과 영적 파워를 나타내며, 세
> 상을 통째로 바꿀만한 거대한 초자연적인 변수로 작용하기도 한다.
> An epiphany is not just an epiphany.
> Realization refers to the emotional and spiritual power of an existence.
> Sometimes it acts as a huge supernatural variable that can change the
> world.

사람들은 허구의 인생에 매달린다.

그래서 아직도 몸속에 해골이 있고 그들 스스로 죽음의 골짜기로 향
한다.

사람이 즐거움을 느끼는 것은 오감의 착각에 갇혀서이고 사람이 괴로움
을 느끼는 것은 쓸데없는 욕구가 많아서이고 사람이 허무함을 느끼는 것
은 생각이 물질의 벽에 막혀서이고 사람이 외로움을 느끼는 것은 존재의
본질인 마음의 길을 잃어서이다 그러므로 나는 몸을 잊는다.

몸을 닫고 꽃에 물드니 모든 잡념이 눈 녹듯 사라지고 비로소 참 나를
만난다.

생로병사를 탈출하는 방법, 인간이 신선이 되는 길이다.

People cling to a fictional life.

That is why people still have skeletons in their bodies.

They walk to Death Valley on their own.

The reason humans feel pleasure is Because you guys are obsessed with the illusion of five senses.

The reason humans feel suffering is Because you have a lot of useless desires.

The reason humans feel empty is Because your ideas are blocked by material walls.

The reason humans feel lonely is Because he's lost his way of soul, the essence of being.

Therefore I forgot my body a long time ago.

I have no morbid greed and obsession with my body.

That's the secret of getting rid of all the burden of pain in my mind.

That finally led me to find the source of life and death, the true self.

This is how to escape from the Death Valley, namely

Man is the way to the Holy Spirit.

제2장 奔者走, 走者座, 座者臥, 臥者腐
분 자 주   주 자 좌   좌 자 와   와 자 부

뛰는 자는 걷고, 걷는 자는 앉고, 앉는 자는 눕고, 눕는 자는 썩는다.
사람은 아무리 돈 많고 잘 먹고 잘 살아도 죽으면 끝이다.
세상에서 가져갈 것은 죽지 않는 자아뿐이다.
천국에 가려면 악한 마음을 멈추고 자신의 영을 극히 선한 수준으로 바꿔놓아야 한다.
Runners, walkers, siters, lie downs, and eventually die.
No matter how rich he is, he is death.
What remains after death is an immortal self.
To go to heaven, you must stop all evil spirits and change your mind to a very sacred level.

오늘도 세상의 싸늘한 냉소 속에 도시 빈민가를 쓸쓸히 배회하는 앙상한 개, 허기진 고양이, 외발 비둘기 등 그 모든 길 위의 눈물 나는 상처받은 자연과 비빌 언덕조차 없는 무일푼의 인생들 나는 그들을 인류 너희가 안아야 할 진정한 문명의 피해자라 한다.

그래서 나는 같은 몸을 가진 세상 사람들에게 충고한다.

너희가 빈창자의 뒤틀림을 아는가?

너희가 맨살의 쓰라림을 아는가?

너희가 소외된 것들의 슬픔을 아는가?

너희가 버려진 것들의 고통을 아는가?

뛰는 자는 걷게 되고, 걷는 자는 앉게 되고, 앉는 자는 눕게 되고, 누운 자는 썩게 된다.

추위에 떨고 굶지 않아봤으면 인생을 말하지 말라.

너희는 단지 고급 자동차와 값비싼 밍크코트만 쫓으며 노상 먹고 마시고 웃고 떠들지만 생각이 거칠고 마음이 독하여 자연에 무관심하고 무자비하다.

　욕심 많고 이기적인 것들은 진리를 통찰하지 못한다.

　Today, in the evil cynicism of the world, Lonesomely roaming around a city filled with empty pretenses and desires A poor dog, a hungry cat, a limp pigeon, etc.

　Injured 'nature' and penniless, empty 'people'.

　All the tears on the roads.

　I call them the victims of a real civilization that mankind should embrace warmly.

　So I advise people with same bodies.

　Do you know the twisting of empty intestines?

　Do you know the bitter taste of bare flesh?

　Do you know the sadness of being left out?

　Do you know the pain of abandoned things?

　A runner will soon walk.

　He who walks will soon sit down.

　The seated man will lie down soon.

　He who lies down will soon rotton.

　Don't talk about life unless you've been cold and hungry.

　You're just chasing luxury cars and expensive mink coats.

　You only know how to eat, drink, laugh and make a noise every day.

　You are indifferent and ruthless to nature's suffering.

　Greed and selfish thoughts cannot find the way of the soul.

　Man cannot go to heaven without knowing the way of his soul.

肥猪殺食
비 저 살 식

살찐 돼지는 잡혀 먹힌다.
살찐 돼지는 반드시 죽임을 당한다.
나눔의 세상을 교훈하는 사자성어.
Fat pigs are caught and eaten.
Fat pigs cannot escape death.
An idiom that teaches the mind of living sharing.

돈은 섬유, 구리, 니켈 같은 물질로 만들지만 나쁜 것이 아니다.

다만 획득 과정과 사용 방법에 따라 스스로 선악의 업보를 받는다.

즉 가난한 살림을 보충하기 위해 정직히 땀 흘려 돈을 버는 것은 보기에도 좋고 때에 따라서는 작은 감동을 준다.

그러나 과정이 바르지 못한 부자의 돈에 대한 끝없는 욕심과 집착은 마치 습관적으로 남의 집을 터는 교활한 도둑과 같다.

그들은 아무리 물질적인 행복에 도취되어 있을지라도 기본적으로 자기 자신과 가족만 위할 뿐 자연을 배려하는 공존의식이 없고 아름다운 생각의 가치를 창조할 수 있는 선한 영적 능력이 없음으로 스스로 살찐 포유류로 추락하고 만다.

그것은 미련한 돼지가 비단 조끼 황금 부츠를 신고 있는 것과 같다.

고로, 인간의 본질은 '정신의 빛'에 있음을 알라!

Money is made of materials such as fiber, copper, and nickel, but it is not bad or harmful.

However, depending on the acquisition process and how it is used, it also applies to the karma of good and evil.

In other words, working for money honestly to get rid of poverty is a good thing to look at and sometimes a small impression.

They also try to understand and help poor people. Because they have experienced many difficulties in the past, they understand the feelings of the suffering.

But the constant greed and obsession with money in the rich, whose process is not pure, Be same a cunning thief who steals another's house by habit No matter how much he's addicted to material well-being,

Basically, he only cares about himself and his family.

There's no sense of coexistence that cares about nature.

They fall into fat mammals because they do not have a good spiritual ability to create beautiful values of thinking.

It is like a pig wearing a silk vest and a golden boot.

Therefore, Realize that human the essence is in 'bright of spirit'!

제4장

人誕不是福
인 탄 불 시 복

인간은 복이 아니다.
사람이 태어나는 것은 축복이 아니다. 전생의 업 때문이다.
인간은 정신수양을 통해 자신의 카르마를 청산해야 천국에 간다.
Man is not a blessing.
It's because of your previous life's karma.
Man must cleanse his sin by mind-training before he can go to heaven.

나의 가르침은 고대, 중세, 현대, 미래를 통틀어 세상에 유일하다.

나의 도(道)는 신비로 가득하며 분명한 자연의 진리를 담고 있다.

너희가 나의 말에 당황하는 것은, 오랫동안 무지와 어리석음에 갇혀 있었기 때문이다.

그러므로 너희는 나의 교리를 정신적인 교주로 삼아 지혜롭게 승화시킬 줄 알아야 한다.

그런 의미에서 나는 또 다른 새 교훈을 남긴다. 즉 너희는 수천만 년 전부터 삶과 죽음을 숙명처럼 여겨왔다.

또한 너희는 가문의 혈통을 이어가는 것을 마치 대단히 자랑스러운 전통문화처럼 생각한다.

그러나 자신이 왜 이런 거칠고 혼탁한 세상에서 살다 죽는지 인생의 본질을 구하지 않고 그저 생각 없이 살고 죽을 뿐 무엇도 스스로 느끼고 깨우치는 바가 없다.

그래서 너희는 갈 곳 없는 무심의 나그네가 되고 끝없이 살고 죽고 살고 죽는 영원히 길 위의 쓸쓸한 먼지가 된다.

기억하라!

"사람이 태어나는 것은 좋은 것이 아니다."

My teachings are unique to the world throughout ancient, medieval, modern, and future.

My teachings are full of the mysteries of heaven and all contain clear natural truths.

You are baffled by my words, for you have long been buried in ignorance and stupidity.

Therefore, you must use my doctrine as a spiritual leader and learn to sublimate it wisely.

In that sense, I leave another lesson. Namely Humans have regarded life and death as destiny thousands of years ago.

Also, you think it is a great traditional culture to continue the family bloodline.

But you don't think about why you exist in such a harsh and chaotic world.

You don't want to know the nature of life.

You just live and die without thinking.

No feeling, no enlightenment.

So you become a spiritless traveler with nowhere to go.

You repeat life and death endlessly.

Became 'a lonely dust of on the road' forever.

Remember!

"Human being born is not a good thing."

神不知人, 人不知神
신 부 지 인 인 부 지 신

제5장

신은 사람을 모르고, 사람은 신을 모른다.
신 앞에서는 인간적인 것을 논하지 않고, 사람 앞에서는 신을 논하지 않는다.
신과 인간은 천국과 지옥이다. 생각하고 처신한다.
God does not know men, man does not know God.
Do not talk about men in front of God, but not about God in front of men.
God and man are heaven and hell.
Think about it.

내가 꽃 속에 깃들면 나는 꽃의 모양이 되고, 내가 새 몸 안에 깃들면 나는 새의 형체가 되고, 내가 나무 안에 깃들면 나는 나무의 형태가 되고, 내가 구름 속에 깃들면 나는 구름의 형상이 되고, 내가 바람 속에 깃들면 나는 바람의 실체가 되고, 내가 사람 몸에 깃들면 나는 사람의 모습이 된다.

시간과 공간을 초월하고, 머물고 떠남이 자유롭고, 무엇이든 할 수 있고, 무엇이든 될 수 있고, 무한 이동, 신속, 투철, 빛, 자기변신, 전지전능, 영원불멸하며 뜻하고 원하는 것은 상상, 생각, 마음만으로 창조, 소멸시킬 수 있다.

모든 것과 마찬가지로, 창조된 생명은 유한적 환영으로 나타나며 활력이 소진되면 스스로 죽어 자연에 흩어진다.

인간이란 물체도 같은 경로를 밟는다.

이것이 동물, 식물, 사람이 생겨난 생명의 기원, 정신의 본질이다.

그러므로 끝없는 자기 성찰과 깨달음 그리고 원숙한 선행의 절정을 통해 자신의 영성을 되찾은 사람은 사후, 하늘로 올라가 파워풀한 마법의 힘을 지니게 된다.

그것은 기적 같은 초자연적인 힘의 징표이자 경이로움을 의미한다.

쉽게 이해를 도우면, 이것의 전형적인 현상은 외계인의 U,F,O이다.

고대 부처 또한 그러한 영적 경로를 통해 우주의 일원이 되었다.

인간 세상에서는, 그런 눈에 보이지 않는, 가공할 위치의 불가사의한 존재를 '신'이라 부른다.

아울러, 사람들은 그 신에게 여러 가지 소원을 빌고 기도를 올린다.

너희가 나의 가르침을 가볍게 여기거나 함부로 흘려들을 수 없는 이유이다.

When I seep into the flower, I become the shape of the flower.

When I seep into a bird's body, I become the form a bird.

When I seep into the tree, I get the shape of the tree.

When I seep into the clouds, I become the shape of the clouds.

When I seep into the wind, I become the substance of the wind.

When I seep into the human body, I become a human appearance.

Beyond time and space.

Free to stay and leave it.

I can do anything.

It could be anything.

Infinite movement, rapid, penetration, light, self-transformation, omnipotent, immortal, Just can create and destroy what one's want with imagination, with thinking, with mind.

Like all things, created is a finite illusions material.

When life loses vitality, it dies and is scattered in nature.

Human physical too follows the same path.

This is the origin of all life, the essence of the mind, that created the shape of animals, plants, insects, and humans.

Therefore, a man who has regained his spirituality through constant self-reflection, enlightenment and good deeds will rise to the skies after his death and have magical powers.

It means as a signs and wonders supernatural power.

To help you understand easily, the typical phenomenon of this is the U,F,Os of aliens.

The ancient Buddha also became a member of the universe through such spiritual path.

In the human world, invisible, scary existence are called 'God.'

Also, people pray to God by making their own various wishes.

That is why you cannot take my teachings lightly or ignore them.

제6장

心正病躲
심 정 병 타

마음이 정직한 사람은 병도 안 붙는다.
정신이 올바로 깨어 있으면 어지간한 육체적 고통은 능히 다스릴 수 있다.
A man with an honest mind won't get sick.
If you are awake, you can easily manage a disorder.

만물은 삶의 대가로 생체 고통을 받는다.

크기, 형태, 종별마다 표출의 강도 차이는 있지만 개미든 코끼리든 외부의 물리적 영향을 받으면 기본적으로 신체적 통증을 유발한다.

그것을 보통 '몸 아픔'이라고 한다.

그런 법칙에서 인간 역시 생리적 고통에서 자유로울 수 없다.

아무리 건강한 사람도 늙어 죽고 아무리 무쇠 같은 사람도 크고 작은 병에 걸린다.

해서 지금 몸이 아픈 사람은 여러 가지 원인이 있겠지만 단지 때가 되서 그럴 뿐이다.

따라서 고통을 받더라도 당황하지 말고 아플수록 더 담대해야 한다.

질병은 물론 심지어 죽음조차 버들잎처럼 가볍게 생각하라.

육신이 피가 나고 통증을 느끼는 것은 생명은 원래 그렇게 다양한 기능의 실험을 통해 자연 순환되도록 연한 살로 설계된 것으로 생명 소스 공학 기술은 하늘에 의해 구현되고, 원료는 천국에만 있다.

예를 들면, 피부 세포는 수분 침투에 대한 내성이 뛰어나다.

인체도 같은 방식으로 디자인되었고, 정교한 단계를 통해 제작됐다.

통증은 물질로 구성된 신경, 혈액, 살 조직이 변하는 것에 따른 일시적

부조화 현상에 불과하다.

신체의 고통은 울거나 공황상태에 빠져서 위축되는 것이 아니다.

물리적 고통은 인간이 극복해야 하는 산이다.

일단 육체 질병을 겪으면 강한 정신으로 맞서 싸울 수 있어야 한다.

의사의 진단, 처방, 수술, 약물은 그 다음의 문제이다

철학적으로 논하면, '생물의 양도' 또는 '삶의 초월'이라 한다. 즉 아파도 아프지 않고 늙어도 늙지 않고 죽어도 죽지 않는 영원한 마음에 관한 지혜이다.

Everything with a body is subject to biological pain.

There are differences in expression by size, shape, and species, but, Physical effects basically cause body pain.

It is commonly referred to as 'the pain of the body'.

under that rule Humans cannot be free from physical pain, either.

No matter how healthy a man is, he dies of old age.

No matter how strong a man is, he gets a disease that is large and small.

The reason why you sick now is because there are many reasons, but it's time.

Even if you are experiencing a physical tragedy, don't panic. The more sick you are, the more daring you should be.

Think of not only disease but even death as willow leaves.

The reason why body feel blood and pain is Because life was originally designed as a soft material to circulate naturally through various functional experiments.

Life source engineering technology is implemented by the sky and raw materials are only in heaven.

For example, skin cells have excellent water resistance to water penetration.

The human body was designed that way, and was created through elaborate stages.

So, the essence of pain is only temporary dissonance due to the change in nerve, blood, and flesh made of materials.

Pain is not a nature to cry or panic and be daunted.

The pain of the body is a mountain that man must overcome.

Once you suffer physical pain, you should be able to fight with a strong spirit.

Doctors' diagnosis, prescriptions, surgery, and drugs are issues that need to be considered later.

More philosophically speaking, It is called the 'abandonment of life' or 'the transcendence of life'. Namely Be sick but not sick, Be old but not old, Die but never die, This is wisdom for eternal 'mind'.

제7장	心不在, 思不在
	심 부 재 사 부 재

마음의 부재, 생각의 부재, 마음의 실종, 생각의 실종.
인간의 영성의 사라짐은 우리에게 인공, 거짓, 사기, 탐욕, 이기, 위선, 무관심
같은 잔인한 악마의 세계를 떠올리게 한다.
'Miss of Mind' or 'Miss of thinking'
The disappearance of human spirituality reminds us of a cruel world
of devil, such as artificial, false, fraud, greed, selfishness, hypocrisy,
and indifference.

어떤 자는 공공장소에서 큰소리로 외친다.

부처가 되려고 하면 술 마시지 마라, 담배피지 마라, 추행하지 마라, 고춧
가루, 밥 한 톨도 남기지 말고 깨끗이 먹어라, 이거 해라, 저것은 하지 마라
등 언뜻 교과서 같은 말 같지만 달리 보면 고삐 풀린 망아지 같다.

습관적으로 그런 말을 하는 자는 나름 야심 찬 포부가 있는지 몰라도 뒤
에서는 은행 계좌 번호 외우고 다니며 별짓 다 하고 산다.

그러므로 나는 훈수한다.

싫든 좋든 몸을 가진 사람인 이상 사는 것이 버거울 때는 원기 회복 차
원에서 술 정도는 마셔도 되고 세상 꼴이 거지처럼 돌아갈 때에는 연초 정
도는 태워도 되고 영혼이 쓸쓸할 때에는 서로 다독여 줄 착한 연인 정도는
만나도 된다.

그 또한 소소한 인간사에 불과하지만 때로는 그것은 적절한 정신적 위안
과 자각의 환희로 작용하는 경우도 있으니 애써 뜯어말릴 일이 아니다.

비록 인간은 수억만 년 동안 무절제한 욕심으로 영성이 완전 사라진 무
지·무능의 전면백지 상태에 놓여 있지만 본래 천지간의 모든 영적 존재는

위대성이 부여된다.

그들은 무엇을 하기 위해 존재하는 존재로서 만일 무엇을 하지 않으면 지루함에 쫓기는 그 바탕이 참으로 고독한 존재이다.

따라서 무엇을 하든 사물의 도리를 잘 살펴서 나쁜 짓만 삼가 하면 크게 문제 될 것 없다.

그럼 나쁜 짓은 무엇을 말하는가?

나쁜 짓이란 스스로 순수한 자연성을 해치는 것으로써 이는 자신의 이로움을 위해 남을 속이거나 해를 끼쳐서 이기적인 욕심을 즐기는 질 나쁜 영혼이기에 윤회의 근간이 된다.

그러므로 나는 만물을 탐하지 않는다.

그렇다고 만물을 거부하지도 않는다.

단지 무엇을 가지려고 나의 몸과 마음을 사악하게 사용하지 않을 뿐, 있으면 있는 대로 베풀고, 없으면 없는 대로 베풀고, 사사로움 없이 상생의 정의를 지향한다.

그저 물처럼, 바람처럼 거대하지만 낮게 그리고 조용히 흐른다.

나는 물질적인 소유와 인간적인 경쟁 때문에 자연과 싸우지 않는다.

오히려, 세상의 괴로움을 근심함으로써 나의 근원으로 돌아간다.

그것을 깨달음의 현묘, 마음의 신성함이라고 한다.

Some people shout in public places.

To be a Buddha, Don't drink.

Don't smoke.

Don't do anything dirty.

Eat clean, without leaving a grain of red pepper powder or rice.

Don't do this.

Do that, etc.

At first, it's like a textbook word, but in other ways, it's like a loose colt.

Usually, people who are used to saying such things may have ambitions, but they hide behind them, memorize their bank account numbers, and live comfortably without physical hardship.

It is called a formality.

So I point out.

Like it or not.

Considering we's a human being, You can drink when life is hard.

When the world feel like a beggar, you can smoke.

When the soul is lonely, you can meet a good lover who will comfort each other.

Although it is also a humble humanal thing.

Sometimes it doesn't have to interfere because it goes beyond physical common sense and acts as an appropriate spiritual delight.

Although human beings have been extremely corrupted by intemperate greed for the last tens of millions of years, Essentially, all the spiritual beings of heaven and earth are endowed with greatness.

They are in the world to do something.

If they don't do something, they'll get bored.

It is based on a lonely existence.

It is called the spiritual character of the individual.

So whatever you do, it is absolutely important not to do anything wrong by predicting the logic of things.

So, what is called bad behavior?

The following is an example of bad behavior.

Bad thing?

To turn the original self into an evil spirit by defiling the pure nature.

In other words, it is evil that enjoys selfish greed by deceiving or hurting others for their own good.

Therefore, I do not covet everything.

But I don't deny everything either.

I just don't use my body or mind evilly.

When you are rich, you share in the virtues of the rich.

When you are poor, you share in the virtues of the poor.

Aim at the justice of coexistence rather than the private interest.

Like water, like wind.

It flows in large but low silence.

So I don't fight nature because of small material possessions and human competition.

Rather, I know the way of my soul. The road is my source. I know for sure my future after death because I have been genuinely concerned about all the pain in the world and have lived without lying or avarice.

It is called the sublime of enlightenment, the sacredness of the mind.

제8장

愚者居外, 智者見理
우 자 거 외   지 자 견 리

> 깨우치지 못한 사람은 보이는 것만 보고,
> 깨우친 사람은 보이지 않은 것을 본다.
> 어리석은 자는 헛것만 쫓고, 지혜로운 자는 이치에 산다.
> The foolish man pursues only what he sees, A wise man sees the invisible.
> The fool man pursues useless things, the wise man live in reason.

　사람은 저마다 태어나면 고유의 생년월일과 이름이 주어지니 이것이 곧 '나'의 생물학적 존재를 선언하는 것을 의미한다.

　그리고 갓난아이로 태어날 때부터, 인간은 이미 기쁨, 분노, 슬픔, 공포, 즐거움 같은 다양한 영적 감정을 지닌 채 새로운 타입의 신체 모험을 시작한다.

　참고로, 그것은 사후, 하늘에 못 오른 영혼이 땅 위에 남아 계속 고통의 생체 윤회를 겪는다는 것을 증명한다.

　어쨌든 그 과정에서 혹자는 갖가지 사연으로 일찍 죽고, 혹자는 잔여 여생을 채워간다.

　또한 언제 갑자기 무슨 일이 터질지 모르는 예측 불허의 육체 운명을 산다는 것이 말처럼 만만치 않다.

　먹고 살아야지, 공부 해야지, 돈도 벌고 일도 하고 꿈도 이뤄야지 이것저것 다 맛보고 살려니 등골이 휘는 자가 어디 한둘일 것인가.

　그러나 개개인의 수명 차이는 있으나 살고 죽는 궁극의 패턴은 옛날이나 지금이나 변한 것은 아무것도 없으니 일찍이 인생을 공수래공수거(空手

來空手去)라 하였다.

그래서, 너희 스스로가 알고 있듯이, 너희는 인생에서 물질에 대한 집요한 욕심 외에는 어떤 것도 깊게 생각하지 않는다.

언제까지 그렇게 봄, 여름, 가을, 겨울 헛된 감상적인 삶만 고집하다 죽고 말 것인가?

하여 가을에 나뭇잎만 밟으라는 법이 어디 있는가?

어쩌면 생애 마지막이 될지도 모르는 이 가을, 각자 정신 건강에 나쁜 자신의 좋지 않은 생각들은 다 밟아 없애서 보다 순수한, 의미 있는 자연인으로 거듭나는 것, 나는 그것을 세상 인류가 천국에 가기 위해 곱게 물들여야 할 영원한 진리의 시, 진정한 '마음의 단풍'이라 적는다.

When a person is born, each person is given inherent the year of birth, month, day, and name, which means declaring the biological existence of 'I'.

And from birth, humans are already beginning a new physical adventure with various spiritual emotions such as joy, anger, sadness, horror, and pleasure.

For your information, after death, the soul that did not go up to the sky remains on the ground and continues to suffer bioethics.

In the process Some die early for a variety of reasons, and others are filling up the rest of their lives.

It's not as easy as it sounds to be to live such unpredictable physical pain.

You have to eat and live, study, earn money, work and make dreams.

I'm going to try all this and that, but why isn't there a problem?

However, although there is a difference in the individual's life span, the pattern of life and death remains the past same, and nothing has changed.

In that lonely and hard physical journey, there is a profound natural philosophy that people must seriously learn and realize: "Life comes with empty hands and leaves with empty hands."

So, as you know by yourself, you don't deep think of anything in your life other than your desire for matter.

Are you going to die insisting on such only vain sentimental lives all the time in spring, summer, fall, and winter?

Then, where is the law that only leaves should tread in autumn?

Maybe this fall will be the end of your life, You may be reborn as a more meaningful natural by stepping on all the evil ideas that are harmful to your mental health if you have the will.

I write it down as a true 'maple of mind,' a poem of eternal truth that humans must dye beautifully to go to heaven.

제9장

偸心不如偸飯
투 심 불 여 투 반

마음을 훔치는 것은 밥을 훔치는 것보다 못하다.
물건을 훔쳐 먹고 사는 것보다 사람의 마음을 훔쳐 먹고 사는 것은 더 나쁘다.
지구상에 개미 떼처럼 바글대는 각 종교 지도자, 종교인의 영적 자성을 촉구하는 말.
To steal mind is worse more than to steal rice.
A teaching that urges spiritual awakening of each religious leaders and believers gathered together like ants on earth.

　　인간은 지능의 생물체이기 때문에 사회물정 훤하고 책 꽤나 읽어서 어느 정도 인위적인 지식을 쌓은 자라면 누구나 금가루 같은 명언들을 벽돌 찍어내듯 꾸며낼 수 있다.

　　그러나 그것이 자연에 터득된 100% 순수한 동기가 아니라면 그저 자신의 양심은 물론 다른 사람들의 감정까지 속이는 극히 영악한 말장난에 그친다.

　　그런 거짓된 말과 글을 쓰는 자와 그것을 교훈 삼는 자 모두 스스로 영성을 변질시키기 때문에 가식 조작 위선에 능한 '속세의 가르침'은 그 가림을 철저히 경계하지 않으면 안 된다. 즉 인간의 심리를 가르치는 자의 실체를 알고자 한다면, 그 자가 사는 생활환경을 보면 진위(眞僞)가 판명 난다.

　　가령, 부정한 조상과 부모가 물려준 많은 재신으로 보통 사람 이성의 풍족함을 누린다든지, 별다른 육체 수고 없이 신자들이 내는 시주나 헌금을 통해 안락한 생활을 한다든지, 돈, 권력, 명예를 조달할 수 있는 크고 작은 조직 감투를 쓰고 있다든지, 아침, 점심, 저녁 공짜 밥을 차려 바치는 일꾼을 부린다든지 하면, 그런 자는 아무리 사탕발린 설교를 할지라도 성직을 가장한 머리 좋은 사기꾼에 불과하다.

이것은 근본적으로 인류의 영을 파괴해서 천국에 오름을 방해하고 갖은 교묘한 말로 세상을 어지럽혀서 사리사욕을 챙기는 각 종교 소굴의 사악한 중, 목사, 신부들을 솎아내기 위한 나의 가르침 중의 가르침이다.

Since humans are intelligent animals, anyone who accumulated a certain amount of knowledge from artificial books can invent good words or writings such as plausible gold dust.

But unless it comes from a 100% pure motivation in nature, He is just a very shallow human who deceives his conscience as well as the feelings of others.

That is, anyone who writes false sentences that differ from reality for teaching purposes or tries to learn them can hardly avoid disaster.

In particular, you should be very careful about the 'teaching of the material world', which is both pretentious and hypocritical. Namely If you want to know the true nature of the person who teaches human psychology, His living conditions tell whether it is true or not.

For example With many assets inherited from dishonest ancestors or parents, they enjoy a wealth beyond the common people. or He leads a comfortable life without physical labor, just through his congregation, through donations.

They are using large and small organizations to create money, power and prestige.

Every morning, lunch, and evening, they eat only free meals that other people serve.

Instead of praying or saying good things, if you live with someone else's money all your life, Such man is a no matter how good he teaches religious doctrines, he is just a clever swindler who pretends to be a sacred profession.

It essentially destroys the human soul and blocks the way to heaven.

Also, it's a crafty belief logic that makes the world dizzy and self-interested.

It is to make the evil monks, ministers and priests in each religious cave disappear forever.

Among my teachings, This is the first lesson that the Earthlings should learn.

제10장

念看一切, 愛上一切
염 간 일 절　애 상 일 절

모든 것을 생각하며, 모든 것을 사랑하라!
자연과 나를 1:1로 여기고, 만물을 내 몸처럼 아끼고 보살핀다.
물질계를 초월하기 위해서는 '신의 생각'과 '신의 마음'을 가져야 한다.
Think of everything and love everything!
Treat nature and me 1:1 and care like my body To transcend the
material world, one must have 'God's thinking' and 'God's mind'.

나는 다양한 화두로 인류의 정신세계를 깨우치고 있지만, 너희 중 몇몇
은 아직도 자질구레한 욕심 때문에 물질에 대한 환상을 못 버리고 있다.

해서 나는 다음의 간단한 비유를 통해 영적 자각을 독려한다.

여기 어른 주먹만 한 약간 무거운 돌 하나가 있다.

그리고 돌을 집어 든다.

이때, 돌을 집어 드는 것은 손가락의 힘이다.

그러나 "이 돌을 집어 들어라!" 마음이 몸으로 무언의 신호나 텔레파시
를 보내지 않으면 그 돌은 공간 이동을 할 수 없다.

그처럼 사람이 몸으로 먹고, 자고, 보고, 듣고, 말하고, 마시고 등 인간
의 모든 행적 활동은 동일한 과정을 밟아서 일정 시간 동안 삶을 유지하고
또 삶 중에 몸이 훼손되거나 신체 유통 기간이 다되면 그것을 죽음이라고
한다.

이는 결국 무엇을 의미하는가?

그것은 인간의 본질은 육체적인 삶이 아니라 정신적인 삶에 있다는 것
을 확실히 보여주고 있다

즉, 사람은 집, 옷, 음식, 돈, 재산, 권력, 배움, 아름다움, 패션, 성공과 같은 개인의 욕구적인 삶보다 자기반성, 사랑, 자비, 희생, 양보 등 공존에 초점을 맞춰야 한다.

물질은 영원히 정신을 능가할 수 없다

그러므로 자연의 이치에 맞게 거짓 없이 자신의 마음을 정직하게 사용하는 사람은 세상에서 가장 파워풀한 존재가 된다.

I'm waking up your mental world with a variety of themes, but some of you still don't give up on your fantasy of matter because of greed.

So, I will support spiritual awakening through the following simple analogy.

Here is a slightly heavy stone as big as an adult punch.

Then lift the stone.

In this case, lifting a stone is due to the finger force attached to the body.

But consciously, "Put up the stone!" If your mind doesn't send out a silent signal or telepathic, The stone will remain stationary because it cannot move through space.

So people eat, sleep, see, hear, talk, drink, etc.

All human actions and activities maintain life through the same process.

Also, when you're broken body in your life or your physical distribution period is over, It is called death.

What does it mean in the end?

It shows that human essence is in spiritual life, not physical.

In other words, a person should focus on the coexistence of self-reflection, love, mercy, sacrifice, and concessions rather than personal lives such as house, clothes, food, money, wealth, power, learning, beauty, fashion, success, health, and longevity.

Material power can never exceed spiritual power.

Therefore A person who uses his or her mind honestly without falsehood to understand the pain and sorrow of the oppressed by nature becomes the most powerful being in the world.

제11장

天不小店
천 불 소 점

천국은 개나 소나 다 가는 구멍가게가 아니다.
천국의 길은 눈부시다. 천국은 아무나 갈 수 있는 곳이 아니다.
끝없는 자기 각성과 희생과 헌신이 요구된다.
Heaven is not a market.
The way of heaven is dazzling.
Heaven is not a place for anyone to go.
It requires endless self-awareness, dedication and sacrifice.

선(善)은 축복이다.

그러나 선의 본질은 이러하다.

선을 행해도 밑바닥 욕심의 본색이 드러나니 어찌 선이 되겠는가?

선을 행해도 멸시와 핀잔과 생색과 호통이 따르니 어찌 선이 되겠는가?

성인은 빚 문서가 있어도 빚 독촉을 해서 사람을 괴롭히지 않는다.

덕이 있으면 빚은 저절로 갚아지고 덕이 없으면 빚을 억지로 받아낸다.

따라서 누군가 너희의 도움을 필요로 하고 또 그것을 돕기로 했다면 여러 말 하지 말고 그냥 도와주어라.

손익을 계산하지 않는 무조건의 이해와 배려 그것을 '마음에서의 우러나옴' 참다운 '자연 정신'이라 한다.

마지못해 돕는다면 어찌 그것을 원숙한 선이라 할 것인가!

하늘의 도는 사리사욕이 없고 오직 순수한 선만 수용한다.

Good is blessed.

But the essence of good is this.

If good reveal true colors, how can they be called good?

If contempt and scolding with followed by good deeds, how could you call it good?

A saint has a debt documents, but he doesn't bother people by forcing them to pay.

Virtue pays the debt by itself If you have no virtue, you will be forced to take out a debt.

Therefore If someone needs your help and you decide to help it, Don't say much and just help.

unconditional understanding and consideration It's called 'a cordial welcome' or 'a heart of nature'.

If you help other reluctantly, How can it be called good?

The heavens have no self-interest, Be always accept the pure good.

제12장

人鄉
인 향

사람의 고향, 인간은 어디서 왔는지, 어떻게 생겨났는지, 어떤 사연으로 흘러 왔는지, 왜 고통과 근심 속에 살고 죽는지 생존의 원천 또는 존재의 근원이 되는 곳.

Inhyang.

One's native place.

Where did humans come from?

How did it come about?

Why should people live and die in pain and anxiety?

The source of existence or of survival.

하늘이 나를 버렸는가 아니면 내가 하늘을 버렸는가?

바람이 나를 떠미는가 아니면 내가 바람을 떠미는가?

꽃이 나를 숨겼는가 아니면 내가 꽃을 숨겼는가?

비록 우린 모두 황량한 벌판을 떠다니는 길 잃은 영혼들이지만 나 이제 작지만 큰 의미에 살아야겠네.

그 옛날 나의 기억과 전설을 찾아야겠네.

나의 영적 주체성과 영적 역량을 되찾아야겠네.

그러므로 미움도 원망도 다 내려놓고, 욕심도 가식도 다 내려놓고, 옷 한 벌 만족할 줄 알고, 밥 한 그릇 기뻐할 줄 알고, 물 한 모금 감사할 줄 알며, 내 옷깃 을 스쳐 가는 모든 것들을 자비롭게 대하며, 풀처럼 낮게 엎드려 살아야겠네.

티 없이 선하게 순수함에 살아야겠네.

나의 최악의 이기적인 감정들을 없애고 춥고 버려진 불쌍한 것들을 아끼 고 돌보며 그렇게 사람의 참 마음에 살아내야겠네.

이것이 정한 운명이라면 아무리 외롭고 슬프고 힘들어도 이 세상 끝까지 나는 나의 삶과 자신을 사랑해야겠네.

그리고 나는 별에서 왔으니 별로 돌아가려네.

Did the heavens abandon me or did I abandon the sky?

Did the wind push over me or did I push over the wind?

Did the flower hide me or I hide the flowers?

Although we are all lost way souls floating on the wilderness, Now I want to live with a small but big meaning.

I must find my old memories and old legends.

Also, I must regain my spiritual identity and spiritual ability.

Because that is the essence and the absolute reason that I exist.

Therefore Put down all hate and resentment.

Put down all your greed and Pretense, I am grateful for a suit of clothes, I am grateful for a bowl of rice.

I am grateful for a bowl of water.

With mercy on everything that touches my collar I'll lie down like a grass and live quietly.

I have to live the goodnest and the purest mind.

Get rid of my worst selfish feelings.

I cherish and take care of the poor things of nature who are shivering with cold and hunger.

I will live with such a true human heart.

If this is the fate given, No matter how lonely, sad, or hard, to the end of the world.

I will love my life and myself.

And I'm originally from a star, so I'm going back to the star.

제13장

思者不孤
사 자 불 고

> 사상가는 외로움을 모른다.
> 생각 없이 사는 사람들은 인간 문제로, 육체적, 정신적으로 고생하기 때문에
> 외롭다.
> 그러나 도를 통달한 사람은 욕심이 없기 때문에 사람의 감정도 극복한다.
> The thinker knows no loneliness.
> People who live thoughtlessly are lonely because they are physically
> and mentally challenged. But those who live empty-mindedly are
> comfortable because they have no desire.

산 자도 죽은 자도 사람은 정한 곳으로 흘러간다.

고로, 어찌 외로움에 흐느껴 우는 것이 바람의 갈대뿐이랴.

이렇듯 나의 현묘한 도는 생각 없이 살아가고 죽어가는 너희를 위한 구원의 섬광이 되고 나의 가르침을 순수하게 받아들이는 사람의 영혼은 점점 악에서 선으로 변하게 하니 이것이 진정 만물의 깨우침, 즉 높은 것은 낮게 만들고, 낮은 것은 높게 만들고, 강한 것은 약하게 만들고, 약한 것은 강하게 만들고, 귀한 것은 천하게 만들고, 천한 것은 귀하게 만드는 이 모든 것이 생각의 위력이 아니고 무엇이랴!

인간은 자기가 행한 대로 업보를 받는다.

고로, 어찌 가을의 빈 벤치만이 슬픔의 본질이라 말할 수 있으리?

이렇듯 나의 신묘한 도는 생각 없이 살아가고 죽어가는 너희를 위한 전국의 등대가 되고 나의 가르침을 순수하게 받아들이는 사람의 영혼은 점점 어둠에서 빛으로 변하게 하니 이것이 진정 만물의 깨우침, 즉 기쁨은 슬픔으로 만들고, 슬픔은 기쁨으로 만들고, 채움은 비움으로 만들고, 비

움은 채움으로 만들고, 있음은 없음으로 만들고, 없음은 있음으로 만드는 이 모든 것이 마음의 위력이 아니고 무엇이랴!

All life and death flow to the designated place.

Therefore, how come crying in loneliness is only 'the reeds of the wind'?

Like this my mysterious writings are a flash of salvation for the living and dying without thinking.

So the souls of those who accept my pure teachings are gradually shifting from evil to good.

This is a true enlightenment of all things.

Namely, High makes low.

Low makes high.

Strength makes weak.

Weak makes strong.

Shallow makes precious.

Precious makes shallow. etc

If all this is not the power of thinking, what can you say about the power of thinking?

Man gets his karma as he does.

Therefore, how can only an empty bench of autumn be the essence of sadness?

Like this my mysterious writings are the lighthouse of heaven for you who live and die without thinking.

So the souls of those who accept my pure teachings are gradually shifting from evil to good.

This is a true enlightenment of all things.

Namely, Joy makes sad

Sadness makes happy.

Fill makes empty.

Empty makes fill.

Make it impossible.

Make things happen. etc.

If all this is not the power of the mind, what can you say about the power of the mind?

人詩
인 시

제14장

사람을 위한 시, 인간을 위한 시, 인류를 위한 시.
Inshi
A poem for mankind.

삶은 거칠지라도 너 자신을 죽이지 말라.

인생은 예고 없이 떨어지는 추풍의 낙엽 같나니 늘 나그네의 심혼으로 살아야겠다.

세상에 슬픔들을 사랑하며 살아야겠다.

꽃처럼 새처럼 이슬처럼 살아야겠다.

이 몸이 사람에 생긴 것은 '생각'을 찾기 위함임을 그것이 너와 내가 사는 이유, 우리는 별에서 온 기구한 영혼 여행자임을 알아야겠다.

삶은 숨이 막힐지라도 너 자신을 버리지 말라.

인생은 흔적도 없이 흩어지는 길 위의 먼지와 같나니 늘 여승의 심혼으로 살아야겠다.

물처럼 흙처럼 정직하게 살아야겠다.

자연의 모든 고통들을 연민하며 살아야겠다.

이 몸이 인간에 생긴 것은 '마음'을 얻기 위한 것임을 그것이 너와 내가 죽는 이유, 우리는 다시 별에 갈 수 있는 천국 여행자임을 잊지 않아야겠다.

Though life is rough.

Don't kill yourself.

Life is like the leaves of an unannounced fall wind.

Always live by the spirit of a traveler.

Love and live all the sorrows of the world.

Live like flowers, like birds, like dew.

The reason this body was born into a human being is to find 'thinking'.

That's why you and I live.

We should all know that we are pitiful soul travellers from the stars.

Although life is stifling, Don't kill me.

Life is like dust on the road that disappears without trace.

Always live by the spirit of the nun.

Live with compassion for all the pain of nature.

Like water, like dirt. You must live honestly.

The reason this body was born into a human being is to get "mind."

That's why you and I die.

We must not forget that we are a great heaven traveler who can return to the stars.

제15장

知小知大
지 소 지 대

작은 것을 알아야 큰 것을 안다.
큰일을 성취하려고 하면 작은 것부터 성취해야 한다.
영적 경지에 도달하기 위해서는 세심한 마음의 눈썰미가 있어야 한다.
You know big when you know small things.
If you want to achieve great things, you must achieve small things first.
To reach spirituality, you must have a keen eye for mind.

마음을 깨우치기 전에는 참새는 그저 귀여운 새로 보이고, 비둘기는 그저 평화의 상징으로 보이고, 개는 그저 집 잘 지키는 충직한 개로 보이고, 고양이는 그저 얌전한 고양이로 보이고, 사람은 그저 오고 가는 바쁜 사람으로 보이고, 만물이 마치 조화를 이루며 한가롭게 살아가는 것처럼 보인다.

그러나 마음을 깨우치고 난 후에는 자연에서 원 없이 뛰어놀며 살아야 할 생명들이 인간의 추악한 욕심 때문에 저마다 삶의 터전을 잃고 허구한 날 굶주린 채 싸늘한 도시 곳곳을 배회하거나 또는 땅바닥에 뱉어놓은 구토물이나 핥고 있는 다리 절고 깃털 빠진 그 말 못하는 불쌍한 아이들이 "배고파요, 밥 좀 주세요, 물 좀 주세요!" 애원하는 듯 보이지만 굶어 죽든 얼어 죽든 무심으로 일관하는 현대인들은 피도 눈물도 없는 로봇과 같다.

그런 까닭에 좋은 차를 타는 사람들도, 좋은 집에 사는 사람들도, 좋은 옷을 입은 사람들도, 좋은 학교 다닌 사람들도, 어리석은 대통령도, 어리석은 공무원도, 어리석은 부자도, 더는 인간으로 안 보이고, 전부 영혼 없는 허수아비 물건으로 보인다.

왜 그럴까?

그것은 너희가 세상을 진심에 살아보면 스스로 알게 될 터, 굳이 말하여 무엇 하리?

Before realize, Sparrows just look cute.

The dove looks just like a symbol of peace.

A dog just looks like a faithful dog to protect the house.

A cat just looks like a mischievous cat.

A People just looks busy coming and going.

Everything seems to be living in harmony with each other.

But after realizing it, They are self-sufficient in nature, but completely lost their living space due to the natural destruction of ruthless humans.

They roming in a cynical city with hunger and thirst every day and live a very pitiful life.

They are also so hungry that they barely survive through human waste. Sometimes, pathetic children who lose their legs and feathers are also seen.

Although they are unspeakable animals, "Give me some rice, water, please!" I think I'm begging people.

But most people are indifferent to their grief.

Some malicious people quarrel with good people who take care of their pain.

Modern people are like robots without blood or tears.

For that reason.

The people who ride nice cars.

People who live in good houses.

People in good clothes.

You know, people who went to good schools.

Even the stupid presidents.

Even the foolish civil servants.

Even the greedy rich.

Everyone doesn't look human anymore.

It all looks like a scarecrow without a soul.

Why is that?

If your 'thinking reeds', you will find out for yourself.

Do you understand me?

제16장 天國的路
천 국 적 로

마음의 길 또는 천국의 길.
몸보다 목숨보다 귀한 것.
"The way of the mind" or "The Path of Heaven"
(More precious thing than one's body and life.)

나는 만물의 진리를 통달했지만 언제나 소박한 삶을 즐긴다.

그래서 늘 변함없이 좋은 생각과 좋은 마음을 유지하고 스스로 시간과 공간과 차원을 초월하여 존재하는 모든 것들의 하느님이 된다.

그러나 너희는 무엇이든 살 만큼 가졌음에도 더 가지려고 욕심 내서 스스로 삶의 파괴를 불러오고 끝없는 죽음의 노예로 남는다.

그것은 근본적으로 너희의 내면에 나쁜 에너지가 가득 차 있기 때문이다.

그러므로 나는 교훈한다.

하늘 아래 그 몸을 유지하되 생물학적 소유에 지나치게 집착하지 말고, 생물학적 웰빙에 지나치게 연연하지 말고, 생물학적 장수에 지나치게 열광하지 말고, 생물학적 고통을 너무 두려워하지 말라.

세상의 약자를 이해하고 동정할 줄 아는 '생각의 힘'을 길러서 필요 이상의 것을 채우기 위해 발악하지 말고, 필요 이상의 것을 이루기 위해 악담하지 말고, 필요 이상의 것을 가지기 위해 쟁탈하지 말라.

얻음이 있거든 굶주린 자연과 너불어 나눌 줄 알고, 채움이 있거든 가난한 자연과 너불어 쪼갤 줄 알며, 이룸이 있거든 외로운 자연에 너그럽게 뿌릴 줄 알라.

그리고 나에게는 순수하고 선한 것만 쌓이게 하라!

이것이 너희가 배우고 깨달아야 할 삶의 본질, 즉 무지, 탐욕, 이기, 거짓, 사기, 위선, 질투, 시기, 사치, 허영, 오만, 교활, 음란, 변태 등 너희의 영혼을 쓰레기로 만드는 그 모든 사악한 기운을 제거함으로써 사후, 보이지 않는 영의 파도를 따라 스스로 고차원의 세계로 이동하는 것, 그것을 잃어버린 신비, "마음의 길"이라 한다.

I master the truth of the world, but enjoy a simple life.

So I always have good thoughts and good minds.

become the God of all things that exist beyond time, space and dimensions.

But you have enough money and material to live on, but you continue to be greedy, destroying your life and remaining an endless slave of death.

It's basically because your inner self is full of bad evil energy.

Therefore, I teach.

Beneath the sky.

Keep that body, but don't forget it.

Don't be too obsessed with biological possessions.

Don't be too obsessed with biological happiness.

Don't be too crazy about biological longevity.

Don't be too afraid of biological pain.

You should train 'the power of thinking' that understands and sympathizes with the weak in the world.

Don't bite off each other to fill more than you need.

Don't swear to achieve more than you need.

Don't competition and fight for more than you need.

If you get something, you should be able to share it wih the hungry nature.

If you fill something up, you should be able to share it with the poor nature.

If there is something you have achieved, you should be generous with the lonely and sad natural life.

And.

Your heart must be filled with only pure and good things.

This is the essence of life that you must realize and practice.

Namely, ignorance, greed, selfish, falsehood, fraud, hypocrisy, jealousy, luxury, vanity, arrogance, cunning, obscene, bad transformation, etc.

By removing all the evil that turns your soul into trash, After death.

Following the invisible waves of the spirit.

Moving ownself into a high-dimensional world.

It is called the Lost Mystery, "The Way of the Mind".

제17장 愚者見身, 智者見心
우 자 견 신   지 자 견 심

어리석은 자는 몸만 보고, 지혜로운 자는 마음을 본다.
The foolish man sees the body, the wise man sees the mind.

너희가 나이를 먹고 늙어가는 것처럼 나 또한 나이가 들면서 늙는다.

태어나고 죽는 걸 막을 순 없지만 이 몸이 늙거나 아프거나 죽기 전에 나는 글 한 편이라도 더 써서 세상을 구하기 위해 메시지를 남긴다.

"첫째, 너희 스스로 생각을 깨우쳐서 순수한 마음을 되찾지 않으면, 단 한 발짝도 지구를 벗어날 수 없고"

"둘째, 너희는 너희 몸이 철저히 설계되고 가공된 육신이라는 것을 알아야 하며"

"셋째, 인간은 비록 처한 세계가 다르지만, 인간은 은하계에 사는 영혼들처럼 자유 의지를 지닌 불멸의 영적 존재이다. 그러나 많은 이유로, 인간은 실제 불행한 삶과 죽음을 반복하고, 그들에 의해 무한정 구금되고 관찰 대상이 된다. 천국과 지옥이라는 말이 여기서 생겼고, 이즈음 종교의 허구도 조작되었다."

그래서 나는 너희가 천국에 가려면 인생을 어떻게 살아야 하는지 요점만 제시하니 지혜롭게 처신하기 바란다.

사람의 이름, 나이, 주소, 학벌, 직업, 취미, 성별, 외모, 가족 관계, 재산, 성격, 감정 등 처지와 관계없이 너희가 세상 어디에서 살든.

"몸을 보지 말고 오직 마음만 보고 살라!"

선한 것만 보고, 선한 것만 듣고, 선한 것만 배우고, 선한 것만 알고, 선한 것만 찾고, 선한 것만 말하고, 선한 일만 하라!

각종 악랄한 도둑과 사기꾼들을 비롯한 욕심 많은 사람, 질투 많은 사람, 나·우리밖에 모르는 이기적인 사람, 색만 밝히는 음탕한 사람, 자연에 버려지고 불쌍한 것들에 대한 무감각한 사람 등 이들은 모두 배우기 어려운 극도로 교활하고 교만한 사악한 영이다.

하여 그들은 죽은 후에 절대 천국에 갈 수 없다.

그들의 영은 죽자마자, 엄청난 전자 충격을 받고 전생에 살았던 모든 기억이 전부 사라진다.

또한 그들은 보이지 않는 거대 전자 망에 걸려 지옥으로 돌아간다.

이런 현상은 순식간에 일어난다.

그러므로 내가 세상에 처음 언급했던 '인간신론(人間神論)'은 가장 높은 수준의 영적 경지에 오른 자에게만 적용되는 것이니 혼동 말라.

즉, 우주 어디에도 선과 악에 대한 개념은 없다.

다만 그 자의 마음에서 나오는 말과 행동을 볼 때 좋지 않다면 그것은 악이 되고, 나쁘지 않으면 그것은 선이 된다.

이것은 고대부터 있어온 불변의 천국 법칙이다.

Like you're getting older and older.

I also grow old with age.

You can't resist being born and dying, before my the body gets older, sick, or dies.

I leave the following message to save the world by writing sentence one more.

"First, unless you enlighten yourself and restore the purity of your spirit, you will not escape from the Earth."

"Second, you should know that your body is a fully designed and engineered processed body."

"Third, although humans have a different world, humans are immortal spiritual being with free will like souls living in galaxies. However, for many reasons, humans are actually living unhappy lives and being supervised and imprisoned by them. The words heaven and hell came from here, and the myths of religion were also fabricated."

So I suggest how you should live your life in order to go to heaven. Be wise.

Name, age, address, education, occupation, hobby, sex, appearance, property, family relations, personality, emotion, etc.

regardless of the circumstances.

No matter where you live in world.

"Never look at your body and only look at your mind!" Namely Look at the good things.

Listen only to the good things.

Learn only good things.

Know only what's good.

Find only the good.

Tell only what's good.

Do only what's good.

Including all sorts of vicious thieves, crooks,

A greedy person.

A jealous person.

A selfish person.

A lascivious person etc.

These are all extremely cunning, arrogant and evil spirits that are difficult to learn.

They can never go to heaven after death.

As soon as their souls die, they receive a tremendous electronic shock and their memories are erased.

They are also hooked into a giant invisible electronic trap and returned to hell.

This happens in a flash.

Therefore, human theology, which I first mentioned in the world, applies only to very good people who have reached the highest level of spiritual awakening.

Don't confuse it.

In other words, there is no concept of good or evil in nature.

But given the words and actions that come out of his mind,

If not good, it's evil.

If not bad, it be good.

This is an unchanging law of heaven from ancient times.

제18장 愚者滿, 賢者空
우 자 만　현 자 공

> 어리석은 자는 무엇이든 채우려고 하고 지혜로운 자는 마음을 비운다.
> 바보는 시야가 좁아서 눈앞에 욕심밖에 모르고, 현명한 사람은 세상의 이치를 알기에 모든 것을 비우고 자유에 살아간다.
> 사람은 욕심 때문에 지옥에 있고 고통의 생물의 삶을 산다는 것을 그들은 알지 못한다.
> The fool fills and the wise empty.
> The fool tries to fill anything, but the wise man empties everything and lives in free.
> Because they don't know that humans live a life of creatures trapped and suffering from greed.

　천 편의 시를 암송한들 시와 인생이 따로 논다면 그 감흥은 마치 벌레 먹은 사과를 맛본 듯하다.

　만 권의 책을 지어낸들 책과 삶이 따로 논다면 그 책은 전부 아궁이 속에 불살라 버려야 한다.

　아무리 학식과 재능이 뛰어나도 사심이 앞서면 그 자는 어떤 식으로든 세상에 누를 끼치게 되어 아무리 잘 먹고 잘 살아도 일가일신에 그칠 뿐, 타인을 배려하는 참된 인간이 되기 어렵다.

　그러므로 사람은 겉치레를 위한 인위적인 공부나 실력보다는 자연을 닮은 마음의 기예가 출중해야 세상을 위할 줄 아는 큰 그릇의 대인이 된다.

A thousand poems recited, but if poetry and life are separate, The excitement seems to have tasted a worm-eaten apple.

You can make 10,000 books, but if you live separately, The whole book must be burned to ashes.

No matter how much you learn or have talent, If self-interest is ahead, He can eat well and live well, but he is never remembered as a good man.

Because it does harm to the world in any way.

Therefore, one does not have to try to have artificial skills for the body.

Only when one has the gift of nature, one can become a great person.

제19장

我知道 所以談
아 지 도 소 이 담

나는 안다. 고로 말한다.
I know. Therefore I say.

지구, 사람들은 이곳을 자신들이 살고 죽는 세상이라고 한다.

그러나 너희는 나의 말에 주목하지 않으면 절대 구원받을 수 없다

진리의 경지에 도달하고자 한다면 만사 제쳐 놓고 너희는 과거에 축적된 그릇된 지식과 상식과 편견에서 완전히 벗어나야 한다.

자연 사실 그대로 논하면 지구는 세상의 실체가 아니다

지구는 우주에서 버림받은 생존 환경이 가장 열악한 행성으로 하늘의 정령들이 사는 은하계 중심으로부터 젤 멀리 떨어져 있으며 우주에서도 가장 어둡고 쓸모없는 별로 치부되고 있다

고대부터 현시대에까지 타락한 악령들을 가두는 지옥으로 사용되고 있다

그 세월이 자그마치 수천억만 년도 더 넘는다.

너희는 그 안에서 조상 또는 가족이란 미명 하에 생물 육신으로 고통의 삶과 죽음을 재현하는 처량한 영혼의 노예에 불과하다.

따라서 나는 현생에 이르러 이 땅을 떠나기 전에 다시 한번 너희를 측은히 여겨 영적 부흥을 돕는 깨달음의 메시지를 전한다.

즉 보는 자는 보지 못하고, 듣는 자는 듣지 못하고, 아는 자는 알지 못한다.

몸은 허상의 껍질이다.

육신은 운명의 주체가 아니다.

인간의 본질은 마음이며, 오직 정신에 존재한다.

영은 형체가 없으므로 손으로 만지거나 느낄 수 있는 물건이 아니다.

영은 항상 영 그대로이며, 영은 항상 영 스스로이며, 영은 항상 영 자체이다.

개개인의 영은 그 자의 자아다.

사람이 배고픔, 통증을 느끼는 것은 몸을 가지고 있기 때문이다.

역으로 만약 몸을 갖지 않는다면 그 또한 없는 것이다.

영은 먹지도 않고 자지도 않으며, 늙음도 죽음도 없다.

영은 창조의 기원이며, 영은 불멸의 시조이며, 영은 생명의 원천이다.

영은 그 상태로 영원히 살아간다.

인간의 행동은 단지 음식 섭취에 의해 발생하는 물리적 힘 에너지로 그것이 생각을 이끌거나 마음을 움직이는 것이 아니므로 의미가 없다.

인간의 무지와 망각은 탐욕과 물질에 의해 기인한다.

그러므로 너희는 당대 나의 가르침을 진리의 등불 삼아 지구 탈출의 기회로 지혜 얻지 않으면 과거 인류의 역사가 그래왔듯 너희는 또다시 비운의 미끼가 되어 기구한 생물학적 대지 위에 갇히고 말 것이다

명심하라.

하늘을 너무 믿지 말라.

종교적 신앙, 예배, 기도, 성지, 기념일, 서적, 조형물을 믿지 말라.

바람잡이 성서를 의존하면 재앙을 못 면한다.

너희가 그나마 믿고 따를 것은 나의 순수한 가르침과 너희 자신뿐 너를 위한 구원자는 세상 그 어디에도 없다.

Earth, People call this place the world where they live and die.

But if you don't pay attention to me first, you will never be saved.

If you want to conquer the truth, all things aside.

We must break away from the false knowledge and common sense and prejudice we have accumulated in the past.

The following is my message when it comes to the natural truth.

The earth is not the reality of the world.

The Earth is the worst planet to be abandoned in space.

It's the furthest from the center of the Milky Way.

be considered the darkest and most useless star in the universe.

It is used as a hell to trap fallen evil spirits from ancient times to present times.

The years are more than a thousand million years old.

You know nothing about it.

You just a miserable soul's slave who recreates painful lives and deaths endless.

So, before I leave my present biological body, I once again leave a message of enlightenment to help mankind's spiritual revival. namely

He who see by eyes cannot see.

He who listens by ear cannot hear.

He who think by brain cannot know.

The body is the shell of a delusion.

The body is not the essence of fate.

Humans exist not in the flesh, but in the spirit.

The spirit does not have a shape.

The essence of man is the spirit.

The soul is not an object that can be touched by hand.

The spirit is always the same.

The spirit is always on its own.

The spirit is always the spirit itself.

The each individual's spirit is himself.

People feel hunger and pain because they have bodies.

If you don't have a body, you can't feel hunger and pain.

The soul does not eat, does not sleep, does not age, does not die.

The spirit is the origin of creation, The spirit is the incarnation of immortality.

The spirit is the source of life.

The spirit lives in that condition forever.

All human behavior is based on physical force energy that works just by eating.

It doesn't mean anything because it doesn't move thoughts or minds.

Human ignorance and oblivion are caused by greed and matter.

So if you don't get a chance to escape the Earth by using my teaching as a lamp light of truth, Like the history of the past, You will be in a miserable state of being stuck in the ground again in a biological predicament.

Finally, keep in mind!

Don't believe in the sky too much.

Do not believe in religious beliefs, services, prayers, holy sites, anniversaries, books, or sculpture.

Relying on the Bible, which is the spiritual liberator of mankind, will be a disaster.

All I need to know is that there is only my pure teachings and yourself.

There is no savior for you anywhere in the world.

暴富如凶

폭 부 여 흉

과도한 부는 흉기와 같다.
흉기는 자칫 잘못 사용하면 자신을 다치게 하고 다른 사람도 다치게 한다.
부의 집착은 죄악의 온실이므로 지혜로운 소유, 지혜로운 나눔을 교훈하는
말.
Excessive wealth is like weapons.
Misuse of weapons can hurt yourself and hurt other people.
The obsession of wealth is a hotbed of sin.
words that teach wise ownership and wise sharing.

신체 웰빙이 전부인 사람은 마치 무감각한 목석같아서 현인의 가르침이
가슴 깊이 잘 와 닿지 않는다.

생각이 온통 자신의 살덩어리에 가 있기 때문이다.

그러나 아는가?

사람은 먹지 않으면 굶어 죽지만 먹음으로써 또한 죽어가는 불쌍한 생
물체란 사실을.

하여 생계를 보충할 목적으로 정직하게 일을 해서 돈을 버는 것은 나무
랄 것이 없지만 부유한데도 계속 일을 꾸미고 사업을 확장하는 것은 작게
는 사심의 극단이고 넓게는 공존의 이치에 반한다 할 수 있다.

다시 말해, 지구의 물자 공급은 인류 모두에게 충분하지만, 부자의 죄는
특히 무겁다.

왜냐하면 이 사악한 자들이 부를 독점해서 불필요한 물질 경쟁을 계속
부추기고 있기 때문이다.

물론, 자선단체에 기부하고 다른 좋은 사회 활동을 하는 부자들도 있지

만, 그들 대부분이 여전히 부자의 가면을 쓰고 있다는 것을 잊지 않아야 한다.

따라서 욕심에는 선한 욕심, 악한 욕심 두 종류가 있다.

선한 욕심은 다른 사람의 불행을 볼 줄 아는 영적 능력이고, 악한 욕심은 자신의 육체적 즐거움만 찾는 이기적인 삶이다.

안타깝게 세상 사람들은 대체로 악한 욕심을 선호한다.

그들이 영영 몸속에 감금되어 살고 지옥문을 못 빠져나가는 이유이다.

그런 자는 대담하게 마음의 보폭을 넓혀야 자아에 눈을 뜬다.

People who pursue physical well-being are like numb wooden rocks.

The teachings of the wise are not well received in deep mind.

That's because people only find the meaning of life in their bones and flesh.

But do you know?

Humans die of hunger if they don't eat but It's also a poor creature that's dying by eating.

So it is not wrong to work and make money honestly to help poor families.

But it's wrong for rich people to keep working and expanding their businesses.

It can be said that the private mind is extreme and goes against the logic of coexistence.

In other words, while the Earth's material supply is enough for everyone, their crimes are especially heavy because these evil rich people are monopolizing wealth and fueling unnecessary material competition.

Of course, there are rich people who donate to charity and do other good social work, but we must not forget that most of them still wear the mask of the rich.

Therefore, there are two kinds of greed: good and evil.

Good greed is the spiritual ability to see others' misfortunes.

Evil desires are my only physical pleasure.

Sadly, most people in the world prefer evil desires.

So they live in captivity body forever and cannot escape the gates of hell.

Such people should boldly broaden their minds to open the eyes of their souls.

제21장

知者不秋
지 자 불 추

아는 자는 가을을 타지 않는다.
천지를 통달한 사람은 마음에 혼돈이 없다.
자연의 지배자는 인간의 지각과 감성을 초월한다.
He who knows does not ride autumn.
There is no confusion in the mind of he who master the world.
The master of nature transcends human perception and sensibility.

나뭇잎이 초록인 것은 아직 젊다는 것이고 나뭇잎이 노랑, 주황, 빨강, 갈색으로 물들면 늙어진다는 것이고 나뭇잎의 기운이 쇠해 스스로 떨어지는 것을 낙엽이라 하고 그 낙엽은 이내 찬바람에 흩어지니 그것을 이르러 한철 나뭇잎의 운명이라고 한다.

하지만 그러한 일시적 착시현상 앞에 너무 우울하거나 외로워할 필요는 없다

나무가 잘리지 않으면 새 잎은 다시 피게 될 것이다

너희가 이 세상에 사는 것에 대한 슬픔의 비밀을 말해 줄 것 같으면 지구상에 존재하는 동물, 식물, 곤충, 인간 등 형체를 가진 모든 종류의 생물들은 일시에 나타난 신체적 결합으로 생물은 생물의 관계를 형성하며 그 인연의 시간이 다 되면 무형의 빈 공간으로 돌아간다.

만물은 공허의 법칙을 따르기 때문이다.

인생도 같은 과정에 있다는 것을 알아야 한다.

그러므로 너희가 자연에 복종하고 나의 가르침을 실천한다면 비록 몸은 언젠가 늙고 죽어서 불에 타 없어지겠지만 그 자는 절대로 멸망하지 않는다.

그것은 오래된 고대 정신의 부활, 즉 육체적인 고통을 감수할 수 있어야 하고 끊임없는 자기 수양으로 생물학적 껍질을 벗고 영혼의 물결을 따라 스스로 천국에 올라가는 것

그것을 '진리의 실현' 또는 '마음의 오름'이라 한다.

여기에는 종교와 신앙의 논리가 낄 자리가 없다.

The green leaves mean still young.

When the leaves turn yellow, orange, red, and brown, it means they get old.

When a leaf loses its energy and falls on its own, it's called a fallen leaves.

The fallen leaves soon scatter in the cold wind.

It is said to be the fate of a leaf that shines for a season.

But you don't have to be too depressed or lonely in front of such temporary optical illusions.

The new leaves will bloom again unless the tree is cut off.

If you would tell me the secret of sadness about living in this world, Animals, plants, insects, humans, etc. that exist on Earth.

All type living things with shape are temporary physical Combinations.

Living things form relationships with each other.

When the time is up, we going back to the intangible an empty space.

Because everything follows the rules of emptiness.

You should know that life is in the same process.

Therefore if you obey nature and practice my teachings.

Although the body turns into a handful of ashes one day, The man never perish.

It is the resurrection of an ancient spirit.

Namely You have to be able to endure physical pain.

Through endless self-discipline Takes off the biological shell.

To go up to heaven along the waves of the soul It is called "realization of Truth" or "the ascension of Mind."

There is no room for religious and faiths logic here.

第22章 不悟者比乞丐更怜
불 오 자 비 걸 개 갱 련

깨닫지 못하는 자는 거지보다 더 불쌍하다.
처지를 불문 자신을 깨우치지 못하는 사람은 거지보다 더 비참한 자가 된다.
He who cannot wake up is more pitiful than a beggar.
He who cannot enlighten himself under any circumstances is more
miserable than a beggar.

　사람들이 산을 찾고, 바다를 찾고, 호수를 찾고, 친구를 찾고, 연인을 만나고, 커피를 마시고, 술을 마시고, 담배를 피우고, 노래를 하고, 춤을 추고, 시를 쓰고, 그림을 그리고, 철학을 논하고, 여행을 가는 것은 단지 외로움 때문만이 아닌, 그 이면에는 늙음, 죽음 같은 영원할 수 없는 인생의 애수가 작용하기 때문이다.

　즉, 정치, 경제, 문학, 예술, 체육 등 인간 사회에는 "남을 괴롭혀야 산다." 는 무식한 경쟁 논리가 형성돼 있다.

　그들은 돈, 권력, 명성 같은 형식적인 흥망만 쫓음으로 그것을 노리는 도둑과 사기꾼이 만연하고 의미 없는 성공과 좌절이 뒤섞여 결국 다 멸망의 무덤으로 흘러든다.

　또한 시대에 따라 그 사물의 소유자도 바뀐다.

　그것은 모두 '생각의 결여' 때문이다.

　그러나 세상에 라이벌이 없는 한 분야가 있으니 그것이 나의 '도'다.

　나의 가르침은 자연에 핀 꽃처럼 세속적인 맛은 없지만 생명의 근원이 흐르는 진리의 본산이므로 누구도 나의 가르침을 훔치거나 거역하지 못하며 지구 역사가 변해도 그것을 창조한 주인은 항상 나이기 때문에 그들처럼 무엇이 죽고 사라지는 법이 없다.

그러므로 나의 영적 발자취는 너희가 마음을 비우고 서로 경주해야 할 진정한 삶의 목표, 존재의 이유가 된다.

People I miss the mountain, I miss the sea, missing the lake, missing an old friend, missing one's lover, I drink coffee, Drink wine, Smoking, Singing, We dance, I write poetry, Draw a picture, Discuss philosophy, I'm going on a trip.

This is not just because of human loneliness.

Behind it is the eternal sorrow of life such as old age and death.

Namely, politics, economics, literature, art, sports, etc.

There is an ignorant rivalry between you and me.

They value only the superficiality of money, power, and fame.

That's why so many cunning thieves and smart crooks are looking for it.

A mixture of meaningless success and frustration.

Eventually, it all flows into the grave of ruin.

Also, as times change, the owner of things changes.

It is all due to lack of mind.

But there is only one field in the world where there is no rival, and that is my "do."

My teachings are like wild flowers in nature, there are no secular shows or events, but The source of life is the root of all the truths that flow.

So, no one can steal or disobey my teachings.

No matter how the history of the earth changes, I never die or disappear forever because I am the owner of what I have created.

So all my spiritual footprints are true life goals that you have to keep your mind free.

This is why of exists.

제23장

善遊者
선 유 자

좋은 나그네.
A good traveler.

거친 나그네는 인생이 구만리다.

집이 없으면 어떻게든 남을 속여서 집을 훔치고, 쌀이 없으면 어떻게든 남을 속여서 쌀을 훔치고, 옷이 없으면 어떻게든 남을 속여서 옷을 훔치고, 돈이 없으면 어떻게든 남을 속여서 돈을 훔친다.

그런 거짓된 재물로 거짓된 자식을 낳고, 거짓된 가족을 낳고, 거짓된 행복을 이어간다.

거친 여행자는 늘 악의 길을 간다.

그래서 거친 나그네는 마음이 없고 영혼의 길을 잃는다.

그러나 좋은 나그네는 세상의 물결에 휩쓸리지 않고 잠시 착시에 나타난 물자의 부족에 얽매이지 않는다.

자신의 이로움을 위해 무엇을 속이거나 다른 가난한 사람들을 괴롭히거나 슬프게 할 줄 모른다.

구름과 바람의 친구가 된다.

내가 욕심내면 남이 불행해진다는 것을 알기 때문이다.

그런 까닭에 힘든 날도 있지만 어쩌다 몇 푼 생기면 일부는 내가 먹고 살고 일부는 불쌍한 사람을 보면 내어주고 일부는 굶주릴 짐승을 위해 밥을 남긴다.

있으면 있는 대로 없으면 없는 대로 차원을 넘어 마음의 여행을 즐길 뿐이다.

그래서 좋은 나그네는 거친 나그네를 다스리는 물질의 신, 시간의 신, 공간의 신, 대자연의 어머니, 불멸의 마법사가 된다.

A rough traveler's life is in constant pain.

If he doesn't have a house, he'll cheat someone to steal it.

If there is no rice, He will cheat a person to steal it.

If you don't have clothes, you somehow cheat someone If you don't have money, you'll cheat someone to steal it.

with such false wealth to give birth to a false child

You make a false family.

carry on false happiness That's how you always go down the wrong of evil path.

So the rough traveler has no heart and loses soul's way.

But A good traveler are not swept away by the tide of the world and are not bound by the shortage of things that appear in optical illusions.

I do not deceive others for my greed or make poor people sad.

I become friends with clouds and wind.

Because I know that if I have greed, others will be unhappy.

That's why sometimes it's a tough day, but when you get a little money, Some live on me.

Some are given to poor people.

Some leave rice for hungry animals.

Whether rich or poor Wide or narrow I just enjoy a journey of mind beyond the dimension.

So a good traveler rules over rough travellers.

The God of matter, The God of time, The God of space, Mother of Mother Nature, Become an immortal wizard.

제24장

身獸心獸
신 수 심 수

몸도 짐승이고 마음도 짐승이다.
인간 같지 않거나 사람 말을 못 알아들을 때 비유해서 사용하는 말.
Be beastly in body and heart Words used when they are not human or
cannot be understood.

지난 수천만 년 동안 인류는 욕심 때문에 전쟁의 역사를 반복해왔다.

그리고 문명으로부터 약간의 기초적인 지식과 기술을 배웠다.

즉, 사람들은 새로운 의학 기술로 오래 살 수 있다는 것에 들떠있다.

옛날에는, 그 흔한 감기, 설사, 두통약도 없었다.

당시, 인간의 육체 고통은 천벌로 간주되어 오늘날처럼 몸과 마음을 무절제한 상태로 사용하지 않았다.

힘든 시대였지만, 인간의 마음은 여전히 어느 정도 살아있었다.

오늘날의 부패한 물질주의에 비하면, 그것은 참담한 심연이다.

그러므로 너희는 알아야 한다.

왜 인간이 몸으로 태어나 처절하게 살아가야 하는지, 왜 인간은 원치 않는 죽음의 고개를 넘어야 하는지, 왜 만물의 영장 인간의 삶이 다른 생물이나 곤충과 같은 위치에 있는지, 스스로 '생각하는 자연인'이 되기 전에 너희는 그것부터 알아야 한다.

그러므로 나는 너희에게 차분히 말한다.

산삼을 먹는 자도 죽고, 비싼 기능성 음식을 먹는 자도 죽고, 건강관리에 철두철미한 자도 죽고, 권력을 잡은 자도 죽고, 명문대를 졸업한 자도 죽고, 병을 고치는 의사와 환자를 돌보는 간호사도 죽고, 회사의 사장과

간부도 죽고, 판사, 검사, 변호사도 죽고, 보험 설계자 역시 죽고, 장례식장 주인도 죽고, 묘지 관리인 역시 죽고, 일없이 편하게 사는 각 종교 집단의 중, 목사, 신부, 수녀도 죽고, 과거 진시 왕도 죽었고 클레오파트라도 다 죽었다.

인간은 과거, 현재, 미래 시대를 초월 삶과 죽음을 끝없이 순환한다.

물론, 죽은 후 다시 인간의 아기로 태어날 때는, 전생의 기억이 지워진 상태지만.

자, 그 모든 인간의 모습은 어디로 사라졌는가?

그것은 모든 것을 파괴하는 지옥(地獄)이다.

문자 그대로, 이곳 지구는 우주의 쓰레기통으로 취급받는 일종의 거대한 영혼 감옥으로, 다양한 기질을 가진 인간 죄수들이 땅 위에 갇혀 있는 사실상, 정신 극기 훈련 센터나 마찬가지이다.

본질적으로 사람들은 그러한 근거로 태어나고, 살고, 죽는다.

이것은 결국 무엇을 의미하는가?

간단히 말해서, 그것은 모두 '비움'의 진실에 대한 바람의 메시지이다.

삶에 기억하라!

너희가 죽는 유일한 이유는 너희의 영성이 좋지 않기 때문이다.

영성이 좋지 않다는 것은 나쁜 마음을 가지고 있다는 것을 의미한다.

내가 그렇게 많은 가르침을 주어도 아직도 자신을 깨닫지 못한다면 아무리 고귀한 척해도, 아무리 많은 금송아지를 가지고 있어도, 그 자는 인간이 아니다

그 자는 사람의 말이 통하지 않음으로 영원히 짐승의 멍에를 벗을 수 없다.

For the last tens of millions of years, the human world has repeated the history of war because of greed.

Then learned a little knowledge and skill from civilization Namely, many people are excited that they can live longer with new medicines and medical technology.

In the old days, there was no common cold, diarrhea, or headache medicine.

At that time, human physical pain was considered a punishment on the sky and did not use the body or mind as intemperate as it is today.

Although it was a poor time, the human mind was still alive to some extent.

Compared to today's corrupt materialism, it's a terrible abyss.

So you should know.

Why is it that humans are born with bodies and have to live in misery?

Why should humans cross the unwanted head of death?

Why is human life in the same position as other living creatures or insects?

You must realize it first before you can become a 'thinking natural being'.

Therefore, I tell you all calmly.

He who eats wild ginseng dies too.

People who eat high-priced functional foods also die.

The health care guru dies too.

The man in power dies too.

Even those who graduated from prestigious universities die too.

The doctor who fixes the disease and the nurse who takes care of the patient dies too.

The president of the company and the executive officer, dies too.

Judges, prosecutors, lawyers too.

The insurance planner dies too.

The funeral master dies too.

The graveyard janitor dies too.

Priests and priests of each religious group who live comfortably without any labor are dies in the same way.

In the past, King Qin died too, Cleopatra died too.

Humans repeat life and death endlessly, transcending past, present and future times.

Of course, when you are born again as a baby of man after you die, all memories of your past life are erased by regular rotation.

Now, where did all those human figures disappear?

It is a planet prison, or Earth Hell, that is treated as a trash can in space.

Literally, this is a kind of a huge soul prison, a de facto mental training center where various-minded human prisoners are trapped on the ground.

Essentially, people are born, live, and die on that basis.

What does this mean in the end?

In short, it is all a message of wind about the truth of emptiness.

Remember in life!

The only reason your body dies is because your spirit is not good.

His insanity toward himself means that he has an extremely evil spirit.

If I teach you so much, and you still don't realize yourself, No matter how with the highest pretensions, No matter how many golden calves you have, He's not a human being, He is what a wise say doesn't work.

He can't take the yoke off the beast forever.

제25장 愚者爲身, 智者樂心
우 자 위 신　지 자 낙 심

어리석은 자는 몸을 위하고, 지혜로운 자는 마음을 즐긴다.
어리석은 사람은 썩어 없어질 육신만 보고 살고, 지혜로운 사람은 영원한 정신에 산다.
The foolish man sees the body and the wise man sees the mind.

사람들은 주로 학교 학문을 통해 삶의 지식을 구한다.

때문에 교활하고 사악한 인위적인 것들이 쌓여가고 결국 인간은 죽음의 이슬을 맞고 쓸쓸히 사형(死刑)[1]을 당한다.

그것은 사람들이 세상 물질 욕심에 중독돼서 보이지 않는 자신의 내면을 알려고 하지 않고 단지 눈대중으로 보는 것만 보고, 듣는 것만 듣고, 아는 것만 알고, 생각 없이, 무의(無意)에 살기 때문이다.

그러나 나의 진심 어린 밀알 같은 가르침은 깊은 산 속에서 흐르는 샘물처럼 마음의 근원에서 솟는다.

그래서 무구한 자연이 되고 만물을 양성하는 위대한 자연이 되고 아무리 써도 다함이 없고 줄거나 마르지를 않는다.

Humans usually seek knowledge of life through school learning.

So various cunning and evil artificial things are accumulating.

Eventually, man die alone, facing the dew of death.

It's because people are addicted to the material greed of the world,

---

1) 사형(死刑) 죄밭을 떠도는 몸 가진 생체 인간이 겪는 영원한 죽음의 구속

He doesn't want to know his inner self By mere eye Just listening, Just knowing, Without thinking, They live in meaninglessness.

But my sincere, wheat-like teaching It rises from the source of the mind, not the body, like the Ongdal spring in a deep mountain.

So it becomes an immaculate nature.

It becomes a great natural environment for nurturing all things.

No matter how much you put use it, it will not hurt or shrink or dry.

제26장	不問弱者
	불 문 약 자

약자에게는 따지지 않는다.
세상에 고통받는 존재는 비난받을 것이 아니다.
The weak are not to blame.

너희는 얼마라도 누군가에게 돈을 꾸어준 뒤 받지 못하면 원금에 이자를 더해서 지옥까지 가서라도 다 받아내려고 악을 쓴다.

너희는 또한 누군가에게 얼마간의 물질적인 도움을 주면 그것에 대해 생색을 내고 또 다른 대가를 바란다.

다시 말하면 너희는 높은 것, 많은 것, 강한 것, 큰 것, 좋아하는 것에 기를 낭비할 뿐 스스로 낮은 곳을 찾아 조용히 머물러 있기를 싫어한다.

너희는 단 1그램도 욕심을 비우지 않으며, 단 1초도 어렵고 힘든 곳에 머물러 있으려고 하지 않으며, 너희는 단지 너희 자신의 욕심만 돌보느라 바쁠 뿐, 애처로운 것들에 대한 연민의 지혜를 품을 줄 모른다.

그러므로 나는 이 고립무원의 행성에 대해 말한다.

내가 왜 세상을 위해 '생각하는 마음'을 가르치고 있는지를.

너희는 내게 영원히 갚지 못할 몇 가지의 거대한 빚이 있다.

첫째, 나는 살고 죽는 물질적인 육신밖에 모르던 너희에게 영원히 죽지 않는 불멸의 영적 존재임을 알려주었고

둘째, 나는 고대부터 베일에 싸인 세상의 신비를 풀어주었고

셋째, 나는 너희에게 자연에 역행하는 정신의 길을 바로잡아주었고

넷째, 나는 너희의 고향은 지구가 아니라 우주별임을 처음 말했고

다섯째, 가장 큰 선물인 잃어버린 신성의 지위를 되찾아주었고

여섯째, 나는 천국에 갈 수 있는 비밀 통로를 아낌없이 열어주었다.

그러나 나는 너희에게 은혜를 안 갚는다고 빚을 요구한 바가 없으니 이것이 곧 너희가 가슴으로 배우고 깨우쳐야 할 도(道), 즉 자연 만물에 대해 이기적이지 않은 이해, 동정, 용서, 사랑, 자비 같은 그 모든 마음의 뿌리, '절대 순수'가 될 것이다.

For example, if you lend someone a dollar and then don't pay it back, you use evil with the principal and interest.

Also, if you give someone some material help and kindness, You have too much pride and reward for your good deed.

In other words, you waste all your energy on the high, many, strong, and the favorite thing.

You hate to find low places and stay quiet.

You do not empty your greed even a gram, You don't like to stay calm in a difficult place for even a second.

You are just busy taking care of your own greed.

You don't have the wisdom of compassion for being lonely and pitiful.

Thus I'm talking about this isolated planet.

Why am I teaching 'thinking mind' for the world?

You have a few huge debts that you can't repay me forever.

First, before I told you that humans are immortal beings with free will, you knew only about the physical life that lived and died for tens of millions of years.

Second, I have solved the mystery of a world that has been created since ancient times.

Third, I have set you straightened your spiritual path against truth.

Fourth, for the first time, I revealed that man's hometown is not a earth but a star in the universe.

Fifth, the greatest gift of man, I have restored you the seat of God that you lost in those old days.

Sixth, I opened the secret passage to heaven for the human race.

But I never asked you to pay me back my kindness, and I have not demanded debt as if I were to kill you for not repaying my kindness.

This is the "do" that you need to learn from your heart. namely Selfless about nature thing understanding, pity, forgiveness, love, mercy, etc.

The root of all that mind will be only absolute purity.

第27章

제27장

回心求我
회 심 구 아

마음으로 돌아가 나를 구한다.
인간은 원래 몸 없이 마음으로 존재하는 불멸의 영적 존재다.
사람은 마음의 악으로부터 자신을 해방시켜야 스스로 고차원 세계로 이동한다.
Go back to your mind!
Humans are essentially immortal souls that exist without bodies.
You must completely free yourself from evil mind before you can go to heaven from hell in body.

인생은 천년만년 사는 것이 아니라네.

오늘 당장 병들고 늙어지면 우린 모두 이 세상과 작별을 고해야 한다네.

오늘 맡는 이 꽃향기도 어쩌면 오늘로써 마지막이 될지 모르고, 오늘 채운 이 찻잔도 어쩌면 오늘로써 마지막이 될지 모르고, 오늘 만난 이 사람도 어쩌면 오늘로써 마지막이 될지 모르니 사람은 그저 기쁠 때나 슬플 때나, 즐거울 때나 괴로울 때나, 옷깃에 스쳐 가는 모든 것들을 사랑하고 감사할 줄 알아야겠네.

이것이 우리가 저 아득한 하늘의 별에서 내려온 이유, 사람들이 살고 죽는 이유, 조각난 영의 복원, '나(我)'를 배우고 알아가는 끝없는 마음의 여행이라 하네.

The life doesn't live forever.

If you get sick and get old today, We must all say good-bye to this world.

The scent of flowers I'm smell on today

Maybe today will be the last day.

This teacup I filled today Maybe today will be the last day.

This guy we met today, Maybe it will be the last day for today.

Therefore, In joy and sorrow, In laugh and in pain, All that things passing on your collar I need to love and thank you.

This is why we came down from that distant star on the sky.

The nature of people's lives and deaths Restoration of Fragmented Spirit It is called a journey of thought or journey of mind that learns and grows on endlessly "I."

有慾皆阻, 一空百通
유욕개조 일공백통

제28장

마음에 욕심이 있으면 모든 것이 막히고, 비우면 모든 것이 통한다.
Greed blocks everything; empties everything.

나는 '생각하는 존재'이므로 만물을 주도한다.

그러나 너희는 잠시도 생각하지 않는다.

생각한다고 하지만 그것은 노상 먹고 사는 것 일색이니 어찌 그것을 정신을 지닌 사람의 생애라 할 수 있겠는가?

본래 자아를 잃은 자는 그 자신이 얼마나 대단한 능력자인지 모른다.

즉 인간은 사물의 욕심 때문에 내면의 능력을 보지 않고 사악한 곳에 영혼을 팔아넘긴다.

너희가 지금 보고 있지 않는가?

이 보잘것없는 작은 몸에서 얼마나 많은 생각의 길이 창조되고 있는가를, 얼마나 많은 마음의 길이 창조되고 있는가를, 얼마나 많은 천국의 길이 창조되고 있는가를.

너희는 이 또한 가벼이 여겨서는 안 된다.

이 모든 성령 에너지는 공짜로 주어진 것이 아니다.

이것은 오랜 시간 자연에 피어난 순수한 정신의 발현이다.

그러므로 너희도 세속의 나쁜 욕정을 끊고 스스로 현묘의 경지에 올라야 하늘을 논할 것이리라.

I am a 'Thinking Existence', so I lead everything.

But you guys don't think for a moment.

Each of them thinks, but it's only about the body.

How can it be called the 'human life' of spirit?

Originally, the person who lost his ego had no idea how amazing he is.

In other words, because of the greed of things, humans sell their souls to evil places without seeing their inner abilities.

Now, like you're looking at my writing.

In this meager body which is less than a weed How many ways of thinking are being created?

How many ways of mind are being created?

How many ways to heaven are being created?

You must not take this lightly either.

Not all this divine soul's supernatural powers are get for free.

This is a manifestation of the pure spirit that has been born into nature by emptying for a long time.

Therefore, you will not be able to talk about the sky until you have stopped the bad desire and you have reached a new level.

제29장

我文是生命, 我言是天國
아 문 시 생 명   아 언 시 천 국

나의 글은 생명이고, 나의 말은 천국이다.

나의 글말은 물질 병을 앓고 있는 왕, 대통령, 정치인, 기술자, 과학자, 스포츠맨, 의료인, 종교인, 문학인, 예술인, 부자, 가난한 사람 등 만인의 영을 치유해서 불멸의 세계로 인도한다.

My writing is the source of life and my words are the secret key to heaven.

My writings and words are intended to heal the souls of human beings and save those trapped and suffering in hell for tens of thousands of years.

king, president, prime minister, politician, businessman, engineer, literature, scientist, sportsman, medical man, religious man, rich man, poor man, etc.

병에 걸린 환자에게는 인공 화학 약품이 첨가된 것보다 자연에서 구한 야생 약초가 더 약효가 뛰어나다.

도시의 종합병원에서도 못 고치는 난치병 환자가 산속에 살면서 완치되는 경우가 바로 그 이치이다.

즉 인간의 영혼을 일깨우는 현인의 참된 말보다 속인의 달콤한 말만 찾는 자는 가식과 위선에 오염된 사람이다.

그런 자는 아무리 좋은 명언을 암송하고 살지라도 순수한 마음을 얻기 어렵다.

사람은 진리에 깅해야 지옥문을 부술 수 있다.

모든 이가 그런 것은 아니지만 세상이 너무 많이 망가진 상태이므로 나는 단지 현실에 맞는 처방을 내릴 뿐, 그 이상도 이하도 아니다.

For sick patients, natural wild hubs are much more effective than drugs with artificial chemicals.

This is why patients with incurable diseases, who sometimes cannot be cured in a general hospital in a large city, are completely cured when they live in a mountain.

In other words, anyone who seeks only vulgar sweet words rather than wise men's word awakening the foolish human spirit is tainted by false pretenses and hypocrisy.

Such a man can recite a lot of good words, but it is hard to get a pure heart.

Only truth can man break the gates of hell.

Not everyone, but···

Because the world is in a state of too ineffectiveness, I'm just putting a practical prescription in place for reality.

It is nothing more or less.

제30장 心是自己, 身不是我
심 시 자 기   신 불 자 아

> 마음은 나 자신이고, 몸은 나의 것이 아니다.
> 영적 경지에 오르려면, 가장 먼저 자신을 정의하는 법부터 배워야 한다.
> The mind is me, and the body is not mine.
> If you want to be a spiritual person, you have to learn to define
> yourself first.

얼마 전까지만 해도 가마솥 같던 날씨가 요즘엔 아침저녁으로 꽤 서늘
하다.

공기가 찬 것은 계절의 이동을 나타내는 것이니 이는 곧 여름이 가고 가
을이 온다는 뜻이다.

그러나 덥든 춥든 기후는 손바닥 뒤집듯 한순간에 바뀌지 않는다.

본디 자연은 궤도에 오르기 전에 연막을 친 후 서서히 바뀐다.

그것을 '흐름의 순리'라고 한다.

날씨에 비유했지만 인생을 통해 자신을 배우고 깨달아가는 과정도 같다.

당장은 변화가 없지만 괴로울 때에나 기쁠 때에나, 부유할 때에나 가난
할 때에나, 언제 어디서든 생각을 바르게 사용하고, 마음을 순수하게 가꾸
면서 세상의 고난을 끝까지 참고 견디면 언젠가는 스스로 봄, 여름, 가을,
겨울 사계를 초월할 만큼 신통의 경지에 오른다.

그 경지가 되면 그 자는 늙음에 대한 궁상이나 죽음에 대한 청승이
없다.

Not long ago, the weather was like a cauldron, but it be quite cool in the morning and evening these days.

The cold air represents the movement of seasons, meaning summer is gone and autumn is coming.

But hot or cold, the climate does not change at a moment's notice.

Nature originally changes slowly after putting on a smoke screen before going into orbit.

It's called a "soonri of flow."

As compared to the weather, The same is true of the process of learning and realizing one's own spirit through life.

There's no change at the moment, but In distress or pleasure Whether rich or poor Anytime, Anywhere in any circumstances If use your thoughts correctly.

If training your pure heart.

If you endure the hardships of the world to the end,

Someday, you will be in a mystery position that transcends all four seasons spring, summer, fall and winter.

At that level, that person does not fret or mourn over his old or death.

제31장

身如外衣, 心如內衣
신 여 외 의   심 여 내 의

몸은 겉옷과 같고, 마음은 속옷과 같다.
몸으로 사는 것은 전부 겉멋에 불과하다. 사람은 정신적으로 진화해야 한다.
The body is like the outer garment; the mind is like the underwear.
Living in body is just a show. Man should evolve mentally.

머리엔 비듬이 생기고, 얼굴엔 종기가 나고, 눈에는 눈곱이 끼고, 귀에는
귀지가 쌓이고, 목에는 가래가 끓고, 입에는 구취가 풍기고, 몸 안팎에는
땀, 각질, 오줌, 똥, 정액, 피, 고름 등 다양한 액체가 생겨나고, 그것들은 다
시 몸의 신경에 쾌감과 고통을 전달하는 생물학적 분비물로 작용한다.

이와 같이 인체는 상황에 따라 돌연변이 현상이 일어나는데 그것은 왜
그럴까?

그것은 인간이 재료로 만들어진 가상의 아바타기 때문이다. 즉 임신과
출산은 가족 구성의 집단 몰입으로 이어지고, 탐욕과 섹스는 쾌락과 방탕
의 도구로 쓰이도록 해서, 인간의 영을 물질 공간에 가두어 놓고 빠져나오
지 못하게 할 목적으로 기획된 것이 몸이란 함정이다

그러나 사람들은 현실을 직시하지 않고 보이는 것에 취해 죄의 구렁텅이
에 갇힌다.

그것은 멸종의 길을 되풀이하는 지혜롭지 못한 생사관이다.

사람은 수천만 년 이어온 육체석 환상에서 깨어나야 한다.

I have dandruff.

I have a boil on my face.

My eyes are sleep.

There's a earwax in my ear.

The phlegm is boiling in my throat, There's a smell in my mouth.

Inside and outside of the body, there are various fluids such as sweat, dead skin, urine, poop, semen, blood, pus.

They act again as biological secretions that transmit pleasure and pain in the body nerves.

Thus the human body mutates depending on the situation, so why is it?

That's because humans are virtual avatars created from materials. Namely Pregnancy and birth lead to a collective immersion of family composition.

Greed and sex are used as tools for pleasure and debauchery.

A body is a sweet trap designed for a evil purpose that locks the human soul into a material space and prevents it from escaping.

But people get drunk with what they see without looking at reality and live in a hole of sin.

It is an unwise life that repeats the path of extinction.

Humans must wake up from the tens of millions of years of physical illusions.

不虛擲人生
불 허 척 인 생

제32장

인생을 헛되이 하지 않는다.
"죽으면 끝이다." 생각하는 것은 세상의 이치를 모르는 자의 구시대적 착오다.
인간은 죽음으로 끝나는 것이 아니다. 전생, 윤회, 사후 상황, 선업, 악업, 천
국, 지옥(지구) 등을 고려해서 신중하게 살아야 한다.
Don't waste your life.
Thinking that "If you die, it will be over." is an old-fashioned illusion of
the world.
In essence, since human beings do not end up with death, they
should be live with caution in consideration of past life, reincarnation,
posthumous situation, good karma, evil karma, heaven and hell(Earth).

다른 사람만 나이를 먹는 것이 아니다.

다른 사람만 병에 걸리는 것이 아니다.

다른 사람만 임종을 맞는 것이 아니다.

늙음, 질병, 사고, 죽음 같은 인생 참사는 나에게 곧 닥칠 예측불허의 불
가피한 자연 재앙이다.

그것의 생리를 깨우치고 미리 마음을 가다듬음으로써 자신의 영을 깨끗
이 준비해 두는 것, 하루도 바람 잘 날 없는 불길한 세상을 극복하는 방법
이다.

Other people are not the only ones getting older.

Other people are not the only ones getting sick.

It's not just the others who die.

Life disasters such as old age, disease, accident, and death It is an unpredictable and inevitable natural disaster that will come to me soon.

To enlighten its physiology By prearranged mind purifying one's spirit, This is a way to overcome an ominous world where violent winds never stop.

제33장 我是, 看完, 聽完, 無所不在
아시 간완 청완 무소부재

나는, 다 보고, 다 듣고, 없는 곳이 없다.
I can see everything, I can hear them all, I can be anywhere.

여기 얼마간의 물과 양식이 있다

절반 정도는 내가 먹고 나머지 반은 가난한 사람들을 주거나 목마르고 굶주린 짐승들을 위해 집 밖에 내다놓으면 그곳을 지나가는 개, 고양이, 참새, 비둘기, 개미, 쥐, 바퀴벌레 등 자연의 누군가가 배를 채우고 후손을 이어간다,

우주 만물을 다스리는 나의 경문도 그와 같다.

즉 너희가 아무리 재산이 많아도, 너희가 아무리 권세가 높아도, 너희가 아무리 학식이 깊어도, 너희가 아무리 업적이 있어도 생각의 신, 마음의 신 나를 영원히 능가할 수 없다.

너희가 잠시 인간적인 것들을 자랑할 수는 있겠으나 그것은 모두 비눗 방울과 같은 착시에 불과하고 그 몸도 곧 죽어지고 땅에서 완전히 다 자취를 감출 것이기 때문에 정신계를 지배하는 나의 적수가 되지 못한다.

그러므로 너희는 수억만 금을 줘도 구할 수 없는 나의 순수한 영적 가르침을 인생의 반려와 천상의 주춧돌로 삼아야 한다.

또한 내가 몸을 떠나노 항상 세상에 있다고 여겨야 한다.

Here is some water and food.

About half of them I eat.

The other half is either giving the poor, if you leave it outside for thirsty and hungry animals, passing by there Dogs, cats, sparrows, pigeons, ants, mice, cockroaches, etc.

Someone in nature has been filling up his belly and breeding his descendants for generations.

My epigram that governs the world is the same.

No matter how rich you are, No matter how powerful you are, No matter how much you study, No matter how successful you are, You will never overtake me, the God of Thinking, God of Mind.

You can boast of the physical things you've gained from stupidity, It's all just an illusion like a bubble.

The body will soon die and completely disappear from the Earth.

You are no match for me in the world of spirit.

Therefore, the present you who appear to be living creatures My pure spiritual teaching which cannot be obtained even with all the money and gold of the world

The companion of life We should use it as the cornerstone of heaven.

Also, if I leave, you must think that I am always in the world.

Because I am immortal of source, transcending time and space.

제34장 形者死, 隱者不
형 자 사   은 자 불

드러낸 자는 죽고, 숨는 자는 죽지 않는다.
드러내는 것을 좋아하는 사람은 형식에 그침으로 죽어서 사라지고, 자기를
낮춰서 순리를 따르는 사람은 죽지 않는다.
He who shows up dies, but he who hides will not die.
He who likes to be revealed dies of form, but he who lowers himself
and pursues rationality does not die.

두 부류의 사람이 있다.

하나는 동적(動的), 즉 기를 쓰고 야망을 이루려고 하는 자이고, 다른 하나는 정적(靜的), 즉 자기 자신과 싸우며 내면에 힘쓰는 자다.

전자인 경우 여러 사람 앞에 자기를 나타내서 각종 외형적 이득을 얻고자 하는 욕심 때문에 그에 따른 폐해가 크다.

반대로, 자신을 낮춰 숨기고 본성에 충실 하는 사람은 별로 사물에 얽일 일이 없기 때문에 마음이 자유롭다.

그러므로 자질구레한 욕심 때문에 함부로 세상에 자기를 나타내는 것은 좋지 않다.

나쁜 유혹과 죄의 늪에 빠지기 쉽다.

사람은 어느 정도 먹고 살 수 있는 기본 생활여건이 충족되면 너무 집 밖으로 나대지 말고 쥐 죽은 듯 영적 내실에 전념하는 것이 바람직한 인생이라 하겠다.

There are two kinds of people.

One is pathologically obsessed with secular ambition.

The other is who fights with his or her own self regardless of the times.

In the preceding case, one's desire to show oneself in front of others to gain the benefits of money, success, and fame is driving him into a evil karma.

Conversely, anyone who keeps himself low and pure in nature finds himself because he is not swayed by things.

Therefore, it is not good to expose yourself to the world because of petty There are two kinds of people.

One is pathologically obsessed with secular ambition.

The other is who fights with his or her own self regardless of the times.

In the preceding case, one's desire to show oneself in front of others to gain the benefits of money, success, and fame is driving him into a evil karma.

Conversely, anyone who keeps himself low and pure in nature finds himself because he is not swayed by things.

Therefore, it is not good to expose yourself to the world because of trifling greed.

It is easy to fall into a swamp of bad temptation and sin.

A person should not walk around too lightly outside their home if they have a certain basic life.

The wisest the world of life to do is to look back on your life quietly and cleanse your inner faults.

제35장 風的敎誨
풍 적 교 회

바람의 가르침. 바람의 지혜.
The teachings of the wind The wisdom of the wind

세상은 시공의 조화이고 만물은 그 안에 존재한다.

인간은 단지 시간의 노예이고 공간의 노예에 불과하다.

그런 연유로 사람들은 몸에 갇혀 끝없는 고통의 인생을 흐른다.

그런데도 자연을 역행하며 스스로를 옥죄고 살아가니 어찌 어리석다 하지 않을 것인가.

내려놓아라.

손에 쥔 모든 것들을 내려놓아라.

그 버리기 아까워하는 욕심까지 다 내려놓아라.

그것이 네가 천국으로 가는 마음의 길임을 배우라!

그것이 곧 보이지 않는 것(無)이 모든 보이는 것(有)을 창조하는 바람의 지혜임을 깨우쳐라!

The world is the harmony of time and space, and everything is in it exist.

Man is just a slave of time and a slave of space.

That's why people are trapped in bodies and go through their life of pain endless.

However, how can we not be foolish to criticize ourselves by going against the teachings of nature?

Put down.

Put down everything you've got.

Put down even all the scraps of greed.

Learn that it is only the way of mind to heaven.

Recognize that it is the wisdom of the wind that all 'looks' are created from 'unseen.'

제36장 與夷爲伍

여 이 위 오

> 오랑캐처럼 산다. 허튼일에 용쓴다.
> 도리에 어긋나는 못된 짓을 한다.
> 사람들은 각종 의미를 부여하며 바쁜 척 살아가지만 사실 알고 보면 순 엉뚱한 것에 인생을 낭비한다.
> 세상의 실체를 바로 깨닫고 살라는 교훈.
> Use one's resources in vain.
> People pretend to be busy with all sorts of meanings, but when they find out, they are wasting their lives on the wrong side.

비가 오면 사람들은 떨어지는 빗방울의 형태만 보고, 꽃잎이 시들면 시들어진 꽃잎의 모양만 보고, 바람이 불면 육신의 피부 세포를 통해서만 바람의 존재를 감지한다.

그러나 그것들이 왜 물리적으로 움직이고 작용하는지 그 뒤에 숨어 있는 초자연의 신비는 풀지 못한다.

그것은 수천만 년 동안 땅 위에 갇혀서 끝없이 생물학적인 삶과 죽음을 되풀이하는 동안 영은 스스로 물질화되고 도태돼서 인간 본래의 순수한 마음 에너지가 완전히 사라져 버렸기 때문에 오늘날 지구는 다양한 성질을 가진 '정신 기형자' 또는 '정신 변태'들로 가득 넘쳐나는 것이다.

그것이 곧 내가 나의 전생의 기억을 추출하고 너희 사후에 구원의 빛을 뿌리기 위해 나의 본능을 이용하는 이유다.

즉 나의 메시지는 궁극적으로 인간 세상의 사악을 제거하는 것이다.

그것은 또한 인류가 하늘로 가기 위해 반드시 가야 하는 마음의 길이기도 하다.

그래서 어떤 자는 의지는 있지만 일관성이 부족해서 중간에 샛길로 빠진다.

그들 중 몇몇은 과거의 사고방식에 묶여 죽을 때까지 횡설수설한다.

어떤 자는 너무 무식하고 교만해서 공손히 배울 바를 모르니 본디 뜻대로 되지 않는 것이 사람 마음임에, 결론적으로 인간이 선하고 악한 것은 자아의 표출이 쌓아온 업보적 귀결로 가름된다.

그러므로 니희는 이기적인 욕심을 버리고 재앙의 몸에서 하루속히 벗어나야 하고, 두 번 다시 만날 수 없는 나의 가르침을 항상 존재의 지표로 삼아야 영원한 별들의 고향, 우주로 가는 진리의 모선에 동승할 수 있다.

When it rains, people just look at the raindrops.

When the petals fall off, they only see the shape of the falling petals.

When the wind blows, it detects the presence of the wind only through the body's skin cells.

But people can't solve the mystery of supernatural beings who can't see why they're physically moving and working.

It was stuck in the ground for a many thousand years, and it was a constant process of life and death.

Because the soul materializes itself and the pure energy of the human mind is gone.

Today, the Earth is full of a variety of 'mental malformations' and 'psychological deviators'.

That is why I use my instinct to extract memories of my past life and sprinkle the light of salvation on your afterlife.

My all message is ultimately to eliminate the evil in the human world.

It is also the path of the heart that mankind must go to go to heaven.

So some people have the will, but lack consistency and fall into the middle of the road.

Some of them gibberish to death in the past.

Some are too ignorant and arrogant to learn politely

Originally Man's mind does not flow at will.

So to conclude The essence of good and evil is the spiritual karma produced by self's inner expression.

Therefore, You must give up your selfish and escape from your body.

You must use my occultness teachings as an indicator of existence.

Only then you can ride on the mother ship of truth, home of eternal stars.

제37장

慾壑使人糊塗
욕 학 사 인 호 도

욕심은 사람을 어리석게 만든다.
Greed makes a person stupid.

 나 외에는 뒤돌아볼 것이 없는 자는 아무리 좋은 집에 살고, 아무리 좋은 옷을 입고, 아무리 좋은 음식을 먹고, 아무리 왕 대접받고 살지라도 고작 살찐 지렁이와 다를 것이 없다.

 즉 사람은 남보다 잘 먹고 잘 살겠다는 나쁜 생각을 버려야 한다.

 남을 짓밟고 올라서려고 하는 잔인한 욕망을 버려야 한다.

 가난하고 불쌍한 사람을 모른 척 외면하면 안 된다.

 내가 고통을 느끼면 타인도 고통을 느낀다는 것을 배워야 한다.

 이것이 인간이 몸을 가지고 태어나고 삶을 경험하는 가장 큰 이유다.

 하물며 자연의 짐승도 배가 부르면 다른 생명을 위해 먹이를 남겨 놓고 그 자리를 뜰 줄 안다.

 이와 같이 세상의 고통 받는 것들에 대한 무한한 동정심을 베풀 줄 아는 인간의 큰마음을 이른바 사랑, 자비 같은 심오한 깨우침, 영적 자각이라고 한다.

 그것을 이해 못하는 자는 영원히 초구(草狗)[2]로 남는다.

---

2) 초구(草狗) 짚으로 꼬아 만든 개 형태의 제사 지낼 때 쓰는 물건이지만 제사가 끝나면 내다 버림, 귀하지도 천하지도 않는 것, 죽든 살든 세상에 아무렇게나 방치되어 있는 무용의 존재.

He who has nothing to look back on but me, No matter how picturesque house you live in, in the finest clothes, No matter how precious food you eat, no matter how much you're treated like a king, It's just a fat earth worm after all.

Therefore, a person should not have a bad idea that he or she will eat better and live better than others.

You must give up your evil desire to tread on others.

Don't pretend you don't know the plight of the poor.

When I feel pain, you should learn that others feel the same pain.

That is the most reason why humans are born with bodies and experience life.

Even animals living in nature can leave their seats after they are full, leaving food for other creatures.

It's a human great mind that can oblige. infinite compassion for the things that suffer and live in the world.

Deep enlightenment, such as common title, love, and mercy, is all spiritual awakening.

Those who don't understand it will remain "a straw dog" forever.

信我者求
신 아 자 구

제38장

나를 믿는 자는 구원된다.
나의 가르침을 따르는 자는 스스로 우주에 오른다.
He who trusts in me will be saved.
He who does my teaching honestly will save himself and rise to
heaven.

　사람들은 개똥보다도 더 더럽고 오염된 물질만능에 빠져서 인생에서 가
장 중요한 영의 길을 잃고 세상을 방황하고 있다.

　그런 까닭에 단지 악만 남은 별의별 욕심쟁이들이 다 생기고, 별의별 도
둑들이 다 생기고, 별의별 거짓말쟁이들이 다 생기고, 별의별 사기꾼들이
다 생기고, 별의별 인간쓰레기들이 다 생겨서 천하가 끝없이 고통과 번민
의 몸살을 앓는다.

　이것은 살아남는 선한 지혜로운 방법이 아니다. 즉 머리, 얼굴, 코, 입,
눈, 귀, 손, 발, 창자, 뼈, 살, 피 등 인간의 몸이 일률적인 모양과 형태를 나
타내고 있는 것은 선대 조상으로부터 몸을 물려받아서가 아니라 본디 부
모, 자식, 형제, 자매와 같은 가족 유대 개념은 하나의 물건처럼 생체 유전
공학적으로 정교하게 설계 되서 고대부터 천국에 살기 부적격한 영혼들을
가두는 지구 감옥 및 육체 번식 순환 유지를 단순 목적으로 한, 사실상 수
천, 수억만 년의 세월을 거쳐 퍼진 씨족임을 알아야 한다.

　참고로, 성서에서는 이것을 '아담과 이브'나 '에덴동산'으로 미화했다.

　아무튼 육신은 생명의 본질과 전혀 무관한 거추장스러운 것으로 몸은
단지 탐욕과 쾌락에 의한 인간의 영적 타락을 부추기는 윤회와 업보의 배

후가 된다는 사실을 깊이 인지해야 한다.

자구인은 그 숨은 존재의 비밀을 모르기에 오늘의 무지와 혼란을 자초하고 있다.

하여 진정으로 자기 자신을 알고 살아가는 자가 과연 하늘 아래 누가 있는가?

그러므로 너희는 물리적 삶이 끝날 때까지 나의 가르침에 귀 기울여 생각하는 법과 마음을 깨닫는 법을 다시 깨우쳐야 이 영원한 죽음의 계곡, 지옥에서 완전히 해방될 수 있다.

People have fallen into materialism that is dirty and polluted more than dog poop.

We have lost the most important path in our lives and are drifting about the world.

For that reason There is only evil left.

All sorts of greed, Every burglar, All sorts of liars, Human waste, Swarm like wild fire ants, So suffer endless pain and distress.

This is not a good way and wise way to survive.

Namely Head, face, nose, mouth, ears, hands, feet, intestines, bones, flesh, skin, etc.

What causes the human body to have uniform shapes and forms Not because I inherited my body from my ancestors, The idea of family ties, like parents, children, brothers and sisters, It's designed and designed to be biocompetically, like a single object.

Since ancient times, the Earth's prisons and physical breeding cycles have been used to trap spirits unfit to live in heaven.

We need to know that they have spread from one body over

thousands of years.

For reference, the Bible insinuates this into Adam and Eve and the Garden of Eden.

Anyway, the body is just a cumbersome burden that has nothing to do with the nature of life.

It is important to keep in mind that the body is the master of reincarnation and karma, which encourages the mental collapse of man through greed and pleasure.

Self-rescue people are asking for the great ignorance and chaos of today because they do not know the secret of their hidden existence.

So who really knows himself?

So you will listen to my teaching until the end of your physical life.

Only when you learn how to think and how to understand your mind again can you be completely free from this eternal valley of death, hell.

제39장

我不像爾
아 불 상 이

나는 너 같지 않다.
불멸의 영적 존재가 되고자 한다면 자기에 대한 신념이 분명해야 한다.
다른 사람 흉내나 내고 살면 천국은 영원히 물 건너간다.
I'm not like you.
To be a high-level spiritual being, one must be clear about one's beliefs.
Heaven will never go if you live by imitating others.

농사를 짓는 데에는 농부만 한 자가 없고, 고기를 낚는 데에는 어부만 한 자가 없고, 집을 세우는 데에는 목수만 한 자가 없다.

자연 이치가 그런 것처럼 세상을 구하기 위해서는 세상을 통달한 사람의 힘이 절대 필요하다.

가령, 사기꾼의 혀 발림에 현혹되면 너도 나도 다 지옥으로 굴러떨어질 수밖에 없다.

그런 면에서 그 어디에도 나의 가르침만 한 순수한 자연 진리는 없다.

잠시 나의 가르침에 대해 이야기할 것 같으면 소싯적부터 야생을 경험하는 동안 육체적, 정신적으로 굴하지 않았던 나의 순수한 정신 에너지의 축적이며, 또한 문장을 팔아서 사리사욕에 보탠 적도 없고, 나의 가르침을 따르는 사람들에게 돈을 강요해서 안락한 생활을 해본 적도 없고, 신의 이름을 빙자해서 세상을 훔칠 필요도 없다.

나는 이미 스스로 생각하고 깨우쳐서 나의 존재의 근원과 전생의 기억을 되찾았기 때문이다.

나는 존재하는 자체가 진리고 신화다.

고로, 나의 마음은 너희 같지 않음을 알라!

There is no one better than a farmer when it comes to doing farm work.

No one can beat a fisherman in fishing.

No one can surpass a carpenter in building a house.

As is the logic of things To save the world, the power of masterly master is absolutely necessary.

For example, if a swindler is lured by a plausible story, you and I all have to go to hell.

In that sense, there is nothing like my pure teaching to help your spiritally anywhere in the world.

To talk about my teaching for a moment, It was not achieved by learning sacred religion from the magnificent cathedral.

It's a natural my accumulation of indomitable mental energy, wandering and physically experienced through the wild from the childhood.

I have never written for secular purposes such as money, popularity, honor, power, fame.

I never foolishly stole the world in the name of God.

Because I have already recovered the source of my existence and the memory of my past life by thinking and realizing for myself.

So I am a living truth and a myth by itself.

Therefore, Know my mind is not like you!

제40장

忘身思心
망 신 사 심

> 몸은 잊고 마음만 생각한다.
> 사람은 몸으로 무엇을 얻고 누리려는 욕심 때문에 마음을 잃고 죽음을 만나
> 모든 것을 잃게 된다. 죽음을 초월하려면 영의 길을 가야 한다.
> Forget about your body and just think about your mind.
> A man loses his mind because of the desire to gain and enjoy
> something with his body and meets death and loses everything.
> To rise above death, you must go on the path of spirit.

사람이 공부를 잘하는 것은 나쁜 것이 아니다.

다만 공부한 지식이 쌓여서 자신의 영을 더럽히는 것이 나쁜 것이다.

사람이 기술을 사용해서 사업을 잘하는 것은 나쁜 것이 아니다.

다만 그 과정에 속임수를 섞고 벌어들인 수익을 도리에 어긋나게 탕진하는 것이 나쁜 것이다.

사람이 재주를 부려서 출세를 하는 것은 나쁜 것이 아니다.

다만 그 성취감에 도취돼서 우쭐댐이 나쁜 것이다.

그러므로 사람은 애써 학문과 지식을 구할 필요도 없고, 애써 일과 사업에 매달릴 필요도 없고, 애써 부와 명성에 열광할 필요도 없다.

모든 광적인 집착은 자신을 파멸로 이끄는 불필요한 에너지로 이어지기 때문이다.

그저 죄 받아 태어난 몸 굶어 죽지 않고 얼어 죽지 않으면 족하고, 콩 한 쪽이라도 여유 있거든 불쌍한 자연 생명과 나눌 줄 알고, 어느 때고 마음에 악 없이 선한 삶을 살아내면 그 자가 곧 하늘을 우러러 참다운 명인명사(名人名士)가 된다.

It is not a bad thing for a person to be good at studying.

It's only bad that the knowledge you've learned will dirty change your nature.

It is not a bad thing for a person to be good at business using technology.

It's only bad that you cheat on the process and spend all your money on your own greed.

It's not a bad thing for a person to get ahead in the world.

It's only bad that you get the blame for being carried away by that sense of achievement.

Therefore, people You don't have to struggle with learning and knowledge.

You don't have to struggle with your work.

You don't have to struggle with wealth and fame.

Because all that madness leads to unnecessary karma that leads to self-destruction.

A mere sinful body If you don't starving to death and if you don't freeze to death, Your situation is satisfactory.

If even one bean can afford, share it with poor natural life.

If you lived a good life without evil your mind, He soon becomes a true celebrity up in the sky.

제41장 孤寂也會做

고 적 야 회 주

외롭고 쓸쓸해도 행한다.
인간적인 것을 목적 삼거나 염두에 두면 진리의 도달은 불가능하다.
생물학적 인간의 삶을 버림으로써 신의 반열에 오르는 것.
It is done in spite of being lonely and lonely.
It is impossible to reach the truth if you humane aim or mind what is a
personal purpose.
Abandon the biological life and rise to the rank of God!

너희는 생물학적 육신을 낳아준 부모에게 예를 갖춘다.

너희는 인위적인 지식을 가르치는 교사에게 예를 갖춘다.

너희는 가시적인 질병을 치료하는 의사에게 예를 갖춘다.

그러나 만물의 길을 깨우치는 나의 가르침에는 예를 갖출 줄 모른다.

느낀 대로 말하면 입에 맞는 것만 골라 듣는 곰 같은 자가 있다.

그런 자는 구시대적 사고에 갇혀 있어서 하늘의 별을 따기 어렵다.

즉 나의 말은 어느 것 하나도 너희를 돕지 않은 것이 없다.

그러나 너희 가운데 몇몇은 순수하고 겸손한 마음은 배우지 않고 몸만
고급인 척하는 자가 있다.

어차피 자연에 버려진 초구 같은 세상을 구할 의미가 있는지 더러 회의
감이 드는 부분이다.

그럼에노 시간을 내고 붓을 놓지 않는 것은 세상에 대한 연민과 나수의
선한 사람들을 위해서이다.

그러므로 나의 도는 땅에 떨어진 밤송이 같아서 줍는 자가 임자다.

You are polite to the parents who gave biological body to you.

You are polite to a teacher who teaches artificial knowledge.

You are polite to doctors who treat visible diseases.

But of many people, some self-righteous people do not deep respect my teaching that teaches invisible the way of the world.

To tell you what I felt, there's a like a bear human that only listens to his taste.

It's hard to pick the stars of heaven because he's still stuck in old-fashioned accidents.

In other words, my words are true, and everything is helping your spirit.

But some of you don't want to learn to be pure and modest.

There are some who pretend that only physical body are luxurious.

It is often a matter of personal skepticism to save the world left unattended in nature.

Nevertheless, I invested many time and didn't break the brush.

Because it is for the pity world and the good people.

Therefore my teaching is like a chestnut falling on the earth, and whoever picks it up is the master.

好果實好種子

호 과 실 호 종 자

좋은 열매는 좋은 씨를 요한다.
Good fruit demands good seed.

　진리를 삶의 근간으로 여기는 고도의 영적 세계는 생각이 순수하고 욕심이 적은 사람일수록 큰 효과를 본다.

　세속 논리에 찌들어 있는 자는 영악해서 약발이 잘 안 먹힌다.

　본디 깨달음은 마음의 구태를 벗는 어려운 정신적인 과제이기 때문에 가르침을 받는 태도가 매우 중요하다.

A highly spiritual world where truth is regarded as the backbone of life.

The more innocent and unselfish, the greater the effect.

Those who get caught up in worldly logic are so evil that they have little effect.

So, the attitude of being taught is very important because it is a difficult spiritual task that takes away the old form of mind.

제43장

心靈器皿
심 령 기 명

영혼의 그릇. 인생은 말뚝 박고 천년만년 사는 것이 아니다. 그릇에 무엇을 담을 것인지 결정해야 한다.
The vessel of the soul, You must decide what to put in the bowl.

부유한 자는 복 받은 사람이다.

그러나 그 부유가 욕심에 그친다면 영원히 돌이킬 수 없는 재앙이 되겠지만, 만약 스스로 지혜를 짜내서 가난한 사람을 돕는다면 더 큰 천국의 보물을 얻게 될 것이다.

강한 자는 복 받은 사람이다.

그러나 그 힘이 불의에 이용된다면 영원히 돌이킬 수 없는 재앙이 되겠지만, 만약 선과 정의 그리고 자연의 약자를 보호한다면 더 큰 천국의 환상을 누릴 것이다.

재능을 가진 자는 복 받은 사람이다.

그러나 그 재능이 악과 사귀고 있다면 영원히 돌이킬 수 없는 재앙이 되겠지만, 만약 세상을 위한 의미 있는 순수한 도구가 된다면 더 큰 천국의 은혜와 축복을 입을 것이다.

The rich are luck.

But if the rich are selfish, It's going to be an irrevocable disaster, If you can pull your own wisdom out to help the poor.

You will get a greater treasure of heaven.

He who is powerful is luck.

But if that power is used for injustice, It would be an irreparable disaster. If you take care of good, justice, and the weak of nature.

It will enjoy the fantastic things of a greater heaven.

Those who are talented are luck.

But if that talent is dating evil, It would be an irreparable disaster. If you could be a meaningful pure tool for the world, It will wear the grace and blessings of the greater heaven.

第44장 成就是失, 失就是成
성 취 시 실   실 취 시 성

이룸은 곧 잃음이고, 잃음은 곧 이룸이다.
이룬 자는 잃게 되고, 잃은 자는 이루게 된다.
비열한 속세의 논리를 버리고 순수한 자연을 따르라!
Success is like failure, fail is like to succeed.
Get rid of the dirty tricks of the world and follow the purity of nature!

인간세계는 형식적인 논리로 사람을 구분하는 매우 퇴보적인 정신문화를 가지고 있다.

하지만 알아야 한다.

성공한 사람은 실패한 사람보다 인생을 망칠 확률이 더 높다. 즉, 근본적으로 인간 세계는 부패한 사회 체제를 가지고 있고, 일의 성공을 거두기 위해서는 다방면에서 교활해야 한다.

그런 점에서 모두가 그런 건 아니지만 정치, 경제 등 모든 분야에서 대체로, 실패한 사람은 성공한 사람만큼 악하지 않고, 여전히 약간의 순진한 면이 있다.

그러므로 성공한 사람은 성공을 자랑해서는 안 되고 오히려 자신의 어리석은 욕망을 부끄러워해야 한다.

또한 실패한 사람은 실패했다고 좌절해서는 안 되고 오히려 그런 상황을 좋게 받아들여야 한다.

그것은 일시적 재미와 괴로움일 뿐이다.

시간이 흐르면 아무것도 아님을 깨우치게 된다.

언젠가 나의 형체가 사라질 거라고 가정하면, 인간이 집착하는 성공과 실패는 똑같이 헛된 일이다.

어떤 상황에서도 마음을 잃지 않으면, 그의 영혼은 빛난다.

The human world has a very backward mental culture that distinguishes people by formal logic.

But you have to know.

People who succeed have a higher chance of ruining their lives than those who fail.

In other words, fundamentally the human world has such a corrupt social system, and to achieve success in a job in many ways it must be cunning.

Not all of them in that respect, In all areas of politics, economics, etc.

Usually, failure is not as bad as success, and there is still some naive side to it.

Therefore a successful man should not brag about his success, he should be ashamed of his foolish desires.

A failure should not be blamed for failure.

It's only temporary fun and distressing.

It's nothing when time goes by.

Assuming that one day the my shape will disappear, Human-obsessed successes and failures are equally futile.

If a man does not lose his mind under any circumstances, his soul blooms.

제45장

自省啓迪
자 성 계 적

> 스스로 알아서 깨우친다.
> 얄궂게도, 신은 누구는 상을 주고 누구는 벌을 줘서 원망을 사는 어리석은
> 일을 하지 않기 때문에 사람은 스스로 독학해서 자신을 구원해야 한다.
> Learn by oneself.
> Ironically, one must save oneself by thinking for himself.
> Because God does not do foolish things by awarding or punishing
> someone.

일찍이, 대자대비 부처(佛)는 부처대로 삶의 고뇌가 있었을 것이고, 도덕경의 노자(老子)는 노자대로 삶의 상심이 있었을 것이고, <인생휴게소> 쥔장 풍월(風月)은 풍월의 시련이 있었을 것이나 이는 본디 진리를 실현한 자들의 공통적인 현상이라 할 수 있다.

그렇다고 내가 부처라는 말도 아니고 노자라는 말도 아니다.

부처는 부처의 도의 세계가 있고, 노자는 노자의 도의 세계가 있고, 풍월은 풍월의 도의 세계가 있을 뿐이다.

하늘은 다중우주이기 때문이다.

다른 듯 보여도 본질은 하나니 이를 가리켜 도우(道友)라고 한다.

하여 앞으로도 인간세계는 학문적인 정신 학자가 범람하겠지만 나는 지구 기원 최초로 존재의 궁극인 인간의 신성복귀(神性復歸) 론에 대해 가르치는 그 첫 번째이자 마지막 사람이 될 것이다.

그런 바탕에서 난해한 지식과 어려운 문자를 사용하지 않고, 누구나 알기 쉬운 언어로 고대 부처나 노자가 말하지 않은 부분까지 아낌없이 가르쳐주었다.

따라서 너희는 시대를 초월하여 나의 신비로운 자연 사상과 철학을 존재의 등불 삼지 않으면 끝없는 고통과 근심을 반복하며 처량한 땅의 신세가 될 것이다.

강조하면, 너희를 구원해 줄 존재는 신이 아니라 너희 그 자신이다.

지구상에 있는 모든 성스런 것들은 인류의 독이다.

그것은 거짓 선지자와 인간의 무지가 합작해서 만들어낸 매우 불행한 인류적 유산이자 재앙에 불과하다.

그러므로 천국의 길은 속이지 않는 마음, 탐하지 않는 마음, 생각하는 마음, 모든 생명을 가엽게 여기는 마음(동정심), 즉 만물을 불쌍히 여겨 무엇이든 돕고자 하는 한없이 자애로운 태도 인간의 원초적 본성에 도달하는 가장 선한 '마음의 복원'에 있다.

마음의 에너지는 사후 보이지 않은 초자연 빛깔로 변환해서 스스로 영의 길을 따라 천국으로 이동한다.

At an early stage, The Buddha would have had his own personal anguish.

The Old man must have had his own personal heartache, The Poongwol may have had its own personal adversity.

This is in nature a common tendency among those who have realized the truth.

That's not to say I'm a Buddha or an old man.

Buddha has a world of Do that the Buddha implements.

Old man has a world of Do that the Old man implements, Poongwol has a the world of Do that the Poongwol implements.

Because the sky is multiverse.

It seems different, but it's only in essence.

It is called "Doewoo"(a spiritual friend).

So the human world of the future may be full of a academic spiritual scholar but, I will be the first and last person to teach about the nature and spirituality of human existence.

On that basis, without complex knowledge and difficult letters, in a natural language, I have teaching given you all the parts that an ancient the Buddha or the Old man did not preach or say.

So, you will endlessly in a miserable state if you do not use my mysterious natural ideas and philosophy as a lamp of existence.

You will be trapped in hell endlessly, repeating your pain and anxiety.

In other words, it is not God who will save you but yourself.

All the sacred things on earth are human poison.

It is a very unhappy religious heritage and a catastrophic trap, with the addition of the ancient false prophet and the ignorance of mankind from one to ten.

The way to heaven are No deception, No greed, No fighting, A habit of thinking, The endless love and benevolent attitude of trying to help anything out of pity for everything.

It is in the goodness and purest "resiliency of mind" of human primitive nature.

The energy of the mind is converted to the invisible color of the supernatural and then self-move to heaven along the path of the spirit.

제46장

王爲民, 民爲王
왕 위 민   민 위 왕

왕은 백성을 위하고, 백성은 왕을 위한다.
사심 없는 왕, 사심 없는 백성. 가장 이상적인 국가를 의미.
The king is for the people, the people for the king.

장차 흥하려고 하는 나라는 선한 왕이 나타나서 백성을 덕으로 다스리기 때문에 국운이 융성하고 태평성대를 이룬다.

그러나 장차 나라가 망하려고 하는 나라는 악한 자가 궁을 탈취해서 나라를 엉망으로 만들기 때문에 결국 그 나라는 폐허가 되고 만다.

이런 경우, 백성들은 힘을 뭉쳐서 폭군을 몰아내야 한다.

만일 큰 국가적 재앙을 당하고도 조치를 취하지 않으면 그 나라의 가족, 사회, 국가는 하루아침에 다 비참해진다.

즉 아무리 잎이 무성한 거목도 밑동이 썩어 벌레가 갉아먹고 있으면 그 나무는 언젠가 반드시 광풍(狂風)에 쓰러지기 마련이다.

그럼으로 정치의 근본은 다음과 같다.

왕은 백성을 위하고, 백성은 왕을 위해야 한다.

이것이 왕과 백성, 모두를 위한 국가론이다.

사실, 자연법칙에 의하면 인간 존재에 있어서 가족, 사회, 국가, 민족은 별 의미가 없다.

그러나 생물학적인 인생이나마 인간이 고통과 억압 없이 자유의 몸이 되기 위해서는 이 가르침은 전 세계 모든 나라에 적용되어야 한다.

세상은 이 기본적인 정치 원칙을 무시하기 때문에 크고 작은 무수한 이

넘 전쟁과 물리적 전쟁에 휩싸인다.

When the nation flourishes, a good king appears, treat the people
with virtue and peace But When the nation collapses, evil man takes
the palace.

The country will end up in ruins because it messes everything up.

In this case, The people must gather up and chase the tyrant away
right away.

If you're in such a state of great distress, if you don't take action
The family, society, and country of the country all become miserable.

So no matter how leafy the big trees are, if the bottom of the tree is
rotten and insects are gnawing, The tree is bound to collapse in the
wind someday.

This is the theory of ethnic survival for both the king and the
people.

In fact, according to the laws of nature, Family, society, country
and ethnic group have no special meaning in human existence.

But even in biological life, This teaching should apply to all
countries in order for humans to live as free bodies without physical
pain and oppression.

The world is engulfed in countless wars, big and small, ideological
and physical wars because it ignores this basics politics principle.

제47장 我回星天
아 회 성 천

나는 별에서 왔으니 별로 돌아간다.
I'm from the stars, so I go back to the star.

살아보니 알겠더라.

인생은 피고 지는 꽃이 아님을 살아보니 알겠더라.

세상은 끊임없이 흐르는 연민의 강임을 그래서 나 스스로 깨우쳐 그 모든 물질의 벽과 마음의 벽을 허물고 머잖아 영의 파동을 타고 하늘에 오르노라.

내가 사람의 몸을 떠나는 것은 이 거친 심연의 행성이 싫어서가 아니라 나의 원래 고향 근원으로 돌아가서 언젠가는 세상을 바로 잡고 자연의 애틋함과 시름을 구할 강력한 마력(魔力)을 지니기 위함이라 인간, 너희는 너무 욕심이 많고 어리석어서 지금은 아무리 좋은 말을 해도 귀에 잘 와닿지 않겠지만 그때야 이르러, 비로소 나의 존재를 실감하게 되리라.

I have lived, so i know.

Life is not a fading flower.

I have lived life, so i know.

The world is a river of endless compassion.

So I realized myself to tear down wall of matter &all the walls of mind.

And in the near future Riding on the wave of the spirit to heaven.

The reason I'm leaving completely human bodies Not because I don't like this harsh planet Earth, After going back to my original hometown, the source of space, Someday straightened the world and to have powerful supernatural magical energy to solve the myriad sorrows and worries of Nature.

Human, you're too greedy and stupid.

No matter how good I say for you, you will not hear what I mean, but Perhaps by then time, after all you will learn my existence.

제48장

身動心靜
신 동 심 정

몸은 움직이는 것이고, 정신은 고요한 것이다
몸은 힘에 의해 움직이는 단순한 생체 기능이다.
그러나 영은 인간의 마음을 의미하는 정신의 실체이기 때문에 모든 욕심에
서 벗어나 깨달음의 상태를 유지해야 한다.
The body is just a biological function driven by force.
However, the mind is a essence of spirit that symbolizes the human
soul, so it must be removed from all greed and remain in a state of
quiet enlightenment.

　동화 속, 백설 공주와 일곱 난쟁이에 나오는 왕비는 마술 거울에게 물었
다.

　"거울아, 거울아. 세상에서 누가 제일 예쁘냐?"

　이에, 거울은

　"그야 물론 왕비님입니다."라고 대답했다.

　익히 알고 있듯 이 이야기를 쓴 작가는 독일의 그림형제다.

　존재학적으로, 이들 또한 이미 환생해서 또 다른 몸으로 살고 있을 것이
고 만일 인연이 닿을 치면 세계 어디에서 이 글을 보고 있을지 모른다.

　죽기 전에 선행과 깨달음을 많이 쌓았다면 순리에 의해 충분히 있을 수
있는 일이다.

　본디 나의 도는 악은 감화시키고 선은 실석으로 양성하기 때문이다.

　아무튼 거울 앞에 서서 자신의 얼굴을 유심히 관찰해 보라.

　그 눈은 선한 것만 볼 수도 있고 동시에 악한 것만 볼 수도 있고 , 그 코
는 꽃냄새만 맡을 수도 있고 동시에 똥냄새만 맡을 수도 있고, 그 입은 진

실만 말할 수도 있고 동시에 거짓된 것만 말할 수도 있고, 그 귀는 바른 소리만 들을 수도 있고 동시에 틀린 소리만 들을 수도 있다.

따라서 각각의 생긴 스타일은 진짜 자기 얼굴이 아니다.

원래 사람의 얼굴이나 몸 같은 것은 세상에 존재하지 않는 잠시 현상에 나타난 환영일 뿐, 그것은 인간 의지와 상관없이 인류의 종족 순환을 위한 단순한 기구에 불과하다.

그런데도 여전히 사람들은 신체에 대해 많은 의미와 가치를 부여한다. 그러나 엄밀히 말하면, 지구는 정신적으로 타락한 영혼들을 가두는 영원한 생체 지옥이다.

사람의 참모습은 거울 속의 자기 얼굴을 보고 있는 인간 마음이다.

예를 들어 "학교 가고 출근한다."고 할 때.

몸이 마음을 움직이는 것이 아니라, 마음이 몸을 움직이는 것이다.

몸은 인간의 마음 상태를 나타내는 행적 수단이므로 존재의 본질이 아니다.

그러므로 나쁜 마음을 먹지 않으면, 몸은 움직이지 않기 때문에 나쁜 짓을 안 하게 된다.

결국 인간의 마음이 선악을 결정하는 것이니 사람은 이 비밀의 천국의 길을 잘 살펴 스스로 지혜로운 생을 흘러야 한다.

The queen in the fairytale Snow White and the Seven Dwarfs asked the magic mirror.

"Wow, mirror, who is the most beautiful person in the world?"

A mirror answers

"He is, of course, the Queen."

As everyone knows, the writer of this story is the Grimm Brothers in Germany.

Existenceally, they are already reincarnated.

If there is a relationship, they may be looking at this article somewhere.

If the Grimm brothers saved a lot of good deeds and realization before they died, it is possible by reason.

Because my spiritual teachings are that the wicked are enlightened and the good man are more improve by quality.

Anyway, stand in front of the mirror and observe your face carefully.

The eyes can see good thing, and also see can evil thing.

The nose can smell only flowers, and at the same time, it can smell like shit.

The mouth can tell the truth, you can tell lies.

The ear can hear the right sound or the wrong at the same time.

So each style is not your true self.

Originally there are no human faces or bodies in the world. It's just a temporary illusion of matter.

Still, People give a lot of meaning and value to the body. but Technically speaking, the Earth is an eternal bionic hell that holds the souls of the mentally corrupted.

The body is used as a simple tool for biological circulation regardless of human will.

The true image of a people is that of the human mind looking at self face in the mirror.

For example, "When you go to school or go to work,

Physical body doesn't move the mind, the mind is moving body.

The body is not the nature of being, as it is a means of tracking the state of the human mind.

Therefore, if you don't have a bad heart, you will not do anything wrong by not moving.

After all, the human mind determines good and evil.

One must well observe this journey of heaven and live a wise life.

제49장 自己不純, 不要說談
자 기 불 순   불 요 설 담

스스로 순수하지 않다면, 아무것도 논하지 말라.

한 점의 악성이라도 남아 있다면, 아무것도 말하지 않는 것이 더 낫다.

나쁜 성질이 있는 상태에서 불멸이 어떻고 자각이 어떻고 아무리 정신적인 것을 논해도 그것은 쓸모없는 말장난에 불과하기 때문에 사람은 무엇을 논하기 전에는 반드시 자신의 인생부터 뒤돌아봐야 한다. 그렇지 않으면 실질과 다른 거짓을 말한 죄로 불필요한 업만 가중시키게 된다.

If you are not pure by yourself, do not discuss anything.

If there is a single malignancy left, do not discuss anything.

One must reflect on one's life and completely remove all evil qualities before discussing something.

Otherwise, whatever you say will only add unnecessary karma.

사람들의 상태학적 시선과 관심은 옷, 음식, 집, 장신구, 인기, 미모, 돈, 권력, 명예, 건강, 업적 등 몸으로 보고 느끼는 물질적인 것에만 온통 집중되어 있다.

따라서 그것들을 얻거나 성취하면 마치 완성된 사람인 줄 착각한다.

그러나 꿈 깨라.

인간은 자기 자신이 대단히 잘난 줄 알지만, 사실 네 발 달린 자연 동물과 다를 것이 없다.

왜냐하면 스스로 우주를 날아다닐 수 있는 마법의 신성(神性)을 가지고 있으면서도, 단지 보이는 것만 보고 그 너머에 있는 천국의 무지개를 보지 못하기 때문이다.

그러므로 너희는 그 모든 마음의 벽을 뚫어야 존재의 본질에 이를 것이다.

People's ecological vision and attention Mostly clothes, food, house, shopping mall, popular clothes, beauty, money, power, health, work, etc.

Focus on only material things you can see and feel with your body.

So when you get or achieve them, you're under the illusion that you're a complete person.

But wake up in dream now.

Humans each know they're very smart, In fact, it is no different from nature animals with four legs.

Because you've got the magic to fly around space.

Because you can't see the rainbow beyond what you see.

Therefore, you must tear down all the walls of your heart to reach the essence of being.

제50장

橡皮筋律
상 피 근 률

고무줄의 법칙.
Greed is like a rubber band.
(The law of rubber band)

인간의 모든 재앙은 어리석은 욕심에서 나온다.

즉 욕심은 고무줄과 같다.

내려놓으면 아무 일도 안 일어나지만 계속 잡아당기면 끊어진다.

일명, '고무줄의 법칙'이라고 한다.

Human disasters come from stupid greed.

Namely Greed is like a rubber band.

There's nothing happen with putting it down, but it cuts if you keep pulling.

제51장

道起源是自然
도 기 원 시 자 연

도의 근원은 자연이다.
세상의 모든 진리는 자연에 숨겨 있다.
The origin of the Do is nature.
All the truths of the world are hidden in nature.

너희가 신을 찾는 것은 늙고 병들어 죽는 것이 두렵기 때문이며, 너희가 신을 찾는 것은 죄가 쌓여 지옥에 갈 것을 근심하기 때문이며, 너희가 신을 찾는 것은 살고 죽는 것 외에는 스스로 할 수 있는 것이 아무것도 없기 때문이며, 너희의 마음이 방황하는 것은 출처가 불분명한 인위적인 책 때문이다

그러므로 나는 말한다.

태초에 혼돈조차도 다스리던 무엇이 있었다.

그것은 하늘과 땅이 생기기 이전부터 꾸준히 존재해 있었다.

그것은 고요하여 소리가 없고, 아득하여 형상도 없고, 무엇에도 기대지 않고, 어느 것에도 변하지 않으며, 만상에 두루 나타나 잠시도 쉬지 않고 모든 의지와 결행은 존재 스스로였다.

그것을 알기 쉽게 우주의 어머니 또는 만물의 자궁이라 말할 수도 있겠지만, 사실 그것은 너무 거대하여 성명을 초월한다.

임시로 이름 지어 도라고 하고, 간단히 표현해서 크다고 하자. 이 큰 것은 크기 때문에 흘러 움직이고, 흘러 움직이면 끝이 안 보이는 무한한 넓이를 갖게 되고, 가늠하기 먼 넓이를 가지면, 또 본래의 근원으로 되돌아간다.

이리하여 도는 큰 것이라 불리지만, 큰 것으로 말하면 하늘도 크고, 땅

도 크고, 하느님도 크다.

이 세상에는 절대적인 네 가지의 가장 큰 것이 있는데 하느님이 그중 하나를 차지하고 있는 것이다.

그 하느님은 인류의 지배자로서 땅의 모습을 본받고 땅은 다시 도의 적용을 받는다.

그리고 도의 환영은 자연이기 때문에 도는 다만 자연의 창조주로서 자유자재할 뿐이다.

You're just looking for God because you're afraid to die of old age and sick.

You're just looking for God because you're afraid to fall into hell.

You rely on God blindly because there is nothing at all you can do for yourself other than live and die.

You're just wandering mind because of an old Bible book whose source is unclear.

Therefore I say.

In the beginning of the universe, there was something that ruled even Chaos.

It existed steadily before the creation of heaven and earth.

It's quiet and no sound.

It's a long way off and no shape.

without reliance on anything

It doesn't change anything.

It's appear all over the universe and it doesn't have no rest.

It was always in his own right to sow and reap.

It may be called the mother of the universe or the birth mother of all things.

In fact, it is enormous and transcend name.

Temporary, name it Do Let's say it's big in a nutshell.

This big thing is moving because of its size.

If you move along, you have another infinite area.

in an immeasurable extent And then it's go back again to the original source.

Driveing and contoling all the action and phenomena.

So, Do is called a big one.

if talk about size The sky is big also, the earth is big also, and God is big also.

There are four absolute big things in this world.

God is one of them.

He's the ruler of the human race, and the image of the earth, The land is subject to Do again.

And since Doe's realistic Illusion is nature, Do is just free as a creator of Mother Nature.

제52장 舍自身, 回自我

사 자 신 회 자 아

자신을 버리면, 자아가 돌아온다.
마음을 비우면 자신의 영혼이 보인다.
Empty your mind and see your soul.

　하나의 사상적 이론을 기술하더라도 단순히 머리로 외워 습득한 지식과 논리는 일단 말은 찰지고 내용은 구성질지는 모르나 곳곳에 구린내가 나서 보편적인 교훈적 가치를 상실한다.

　그런 외형상 그럴듯한 세속의 외침은 이기, 탐욕, 오만, 시기, 독선이 깔려서 남을 헐뜯고 짓밟는 등 고대 사탄의 사악한 에너지가 흐르고 있으므로 실제 글을 쓴 사람을 만나 보면 극히 모순된 삶임을 알게 된다.

　그러나 자연에서 터득된 정직한 깨달음은 비록 말은 쓰고 문장은 화려하지 않지만 논하는 바는 모두 살아 있는 진리이며 실제 글 쓴 사람을 만나도 말과 삶이 일치하고 있음을 알 수 있다.

　다시 말해서 자아를 찾은 사람은 자신에게 엄격하고 만물에 공평하다.

　그래서 정신을 다스리는 도덕적 제왕이 되는 것이다.

　즉 인간의 영적 치유에 기초한 현인의 가르침은 무엇을 자랑삼기 위해 글을 쓰는 것이 아니라 중생들을 고차원의 세계로 이끌어서 세상을 구제하는데 복적이 있다.

　그러므로 그것이 시든 에세이든 무엇이든 자신의 생각을 언어나 문자로 남길 때에는 사심을 배제한 절대 순수성만 동기부여가 되어야 한다.

　그래야 참다운 마음의 지침서가 될 수 있다.

세상에는 근사한 말, 화려한 글, 유식한 책들이 많지만 인간의 영혼이 천국에 가지 못하고 계속 지옥에 갇혀 있는 것은 스스로 존재의 길을 망각하고 자기가 자신을 끝없이 속이고 괴롭혀서 자멸을 되풀이하기 때문이다.

Even if you some describe an ideological theory, knowledge and logic acquired simply by body of brain.

I don't know if the words are fine and well the content is organized.

But it smells bad and loses moral value.

Such that seemingly plausible secular cries.

Selfishness, greed, arrogance, envy, self-righteousness, etc.

Because there's flow ancient satan's evil energy in there.

Also, when you meet someone who actually writes, you find that his words and actions are contradictory.

But the honest enlightenment of nature.

Although the words are a little bitter and the sentence is not fancy, It's all living truth.

Also, when you meet a real writer, you can see that words and deeds coincide.

In other words, a person who regains his or her nature is strict to himself and self-sacrificing, but fair to all world things.

That's soon why become the moral big king who leads the human psyche.

In essence, the teachings of the wise men based on the spiritual healing.

I don't write it to show off.

The purpose of this project is to bring Earth people into a high-level world and save the world.

So whether it's a poem or an essay or whatever.

When you leave your thoughts in language or text messages, Only pureness, which excludes self-interest, should be motivated.

That do way, it can be a true guide to the mind.

There are many wonderful words, colorful writings, and well-informed books all over the world.

And yet The fact that the human soul fails to reach heaven and continues to be trapped in the hell valley, Because he forgets his way of being and repeatedly destroys himself by cheating and bullying him endlessly.

제53장

善是超惡
선 시 초 악

선은 악을 초월한다.
악은 일일이 건드리지 않아도 스스로 망해서 없어진다.
선은 악의 비교 대상이 아니다. 존재의 본질에 힘쓴다.
Good is above the evil.

사람은 어떤 경우에든 선한 마음을 지켜야 자신의 영을 손상시키지 않는다.

악이란 본래 열 마디가 그럴듯하지만, 하나의 악이 탄로 나서 모든 것을 파괴한다.

즉 사람은 타인의 귀감이 되고자 한다면 매사 정직한 생각을 하고 순수한 마음을 가져야 한다.

그것이 이루어지지 않으면 그 자의 모든 생물학적 지식 논리는 쓰레기가 된다.

그것을 깨달음의 기본, 자기 통찰이라고 한다.

자신을 속이는 자는 남을 속이기 마련이기 때문이다.

또한 그런 자는 아무리 바르고 똑똑한 척해도 가식에 그친다.

그러므로 세상은 교활한 위선자를 추려낼 줄 아는 밝은 지혜를 터득해야 인적 재앙을 피할 수 있다.

We must keep a good heart in any case so that we will not harm our spirits.

Evil originally sounds ten words sound plausible, but it is proved false by one evil and destroys everything.

That is, if you want to be an example to others, Usually, you have to live an honest thinking and be on your have own pure mind.

If that is not achieved, no matter how profound the argument is, all that person's biological knowledge logic becomes rubbish.

It is called own insight, the basis of enlightenment.

He who deceives himself is sure to deceive others.

Also, no matter how right or smart you pretend to be, you will end up as a mere charade.

Therefore, the world needs to learn the bright wisdom of identifying a cunning hypocrite to avoid human disaster.

제54장

我存在, 我憐憫
아 존 재 아 연 민

나는 존재한다. 고로, 연민한다.
I am, therefore, I feel pity.

오늘날 사람들은 문명의 혜택을 받고 풍족한 삶을 누린다.

하지만 인간의 정서는 깡말라서 옛날보다 더 황폐하고 살벌하다.

온갖 사악한 에너지가 넘쳐서 순수한 자연미가 없다.

산에서 나무와 화초를 뽑아와 가꾸고 새와 물고기를 잡아 기르지만 여전히 불량한 친구들과 어울리는 아이는 집에 갈 생각을 않는다.

그것은 인간의 숭고한 정신이 수만 년 동안 욕심에 실종된 탓이다.

그래서 고통과 근심이 끝없이 반복되는 인간세계를 지옥이라 한다.

그럼에도 사람들은 이 엄청난 진리를 가볍게 여긴다.

이것이 인간이 불쌍한 생물학적 삶을 영위하는 이유다.

그런 까닭에 나는 다시 한번 존재에 대한 연민을 품는다.

그리고 지구 한 귀퉁이에 또 하나의 자연 팻말을 세운다.

세상을 깨우는 불멸의 다리를.

"몸에 떨어지면 악마의 성에 갇히고, 마음을 얻으면 요정의 숲으로 올라간다."

Today people enjoy a rich life and the benefits of civilization.

But human emotions are so dry that they are more desolate and cruel than they used to be.

Full of all the evil energy, the pure beauty of nature disappeared.

They pick up trees and flowers from the mountains, and they grow birds and fish.

Still, a child who hangs out with bad friends doesn't think of going home.

Because the noble human spirit has been missing in greed for tens of thousands of years.

So the human world is called hell, with pain and anxiety endless repetition.

Nevertheless, people take this great truth lightly.

That is why humans lead poor biological lives.

For that reason I once again have compassion for being.

And on one corner of the Earth, they put another small sign.

An immortal bridge that awakens the world.

"If you fall into the body, you're stuck in the castle of demons. If you learn mind, you're rise to the forest of the fairy."

제55장 不要欺騙爾自己
불 요 기 편 이 자 기

너 자신을 속이지 말라!
Don't fool yourself.

세상에 큰 덕을 행하는 도 높은 현인 앞에서는 사람의 생물학적 배경, 즉 고향, 나이, 외모, 직업, 부모, 자식, 가족, 결혼, 건강, 재산, 학식, 돈, 권세, 부, 명예, 성취 등 인간적인 것을 논하지 말며, 강한 척, 잘난 척, 아는 척하지 않아야 한다.

그렇지 않으면, 천한 속 논리로 자신의 빈약한 우월성을 뽐내려 하거나 어리석음을 감추기 위해 수를 쓰는 사악한 자로 분류된다.

다시 말해서 원래 물질계를 초월하고 고도의 정신세계를 갖고 있는 현인은 생각하는 바가 순수해서 세속적인 것보다 자연에 익숙하기 때문에, 인간의 욕심과 악 같은 더러운 악령에 빠지는 것을 본능적으로 꺼린다.

그러므로 세상 사람들이 자신의 몸을 통해 삶의 이익을 찾고 주장하는 것은 모두가 망상이고 허세에 불과하다.

In front of a wise man who master nature and does great virtue in the world, A person's biological bckground, i.e. his or her hometown, age, physical appearance, occupation, parents, children, family, marriage, health, property, education, money, power, rich, honor, Achievement etc.

Don't discuss humane things.

Don't pretend to be strong, snobbish, or even aware.

Otherwise He is classed as an evil man who tries to show off his thin superiority or to hide his folly with shallow worldly logic.

In other words Originally a wise man with a high spirit has a pure thinking.

Since they are more accustomed to nature than to secular affairs, they are instinctively reluctant to get caught in dirty demons such as human greed and evil.

Therefore It is all delusion and fiction that people in the world seek and claim the benefits of life through their bodies.

제56장

養生之地
양 생 지 지

양생의 땅. 인류의 영적 토양을 돕는 〈인생휴게소〉를 의미.
Where the clouds and the wind are resting. 〈insaenghyugeso〉 is a
training place for human spirituality.

사람은 먹고 마시는 것밖에 모른다.

사람은 멋 내고 즐기는 것밖에 모른다.

사람은 웃고 떠드는 것밖에 모른다.

사람은 돈 벌고 일하는 것밖에는 모른다.

사람은 섹스와 체력밖에는 모른다.

사람은 편하고 쉽게 사는 것밖에 모른다.

이것은 모두 현실을 직시하는 고도한 인생이 아니다.

즉 봄에 태어나는 사람이 있고, 여름에 태어나는 사람이 있고, 가을에 태어나는 사람이 있고, 겨울에 태어나는 사람이 있다.

반면에 봄에 죽는 사람도 있고, 여름에 죽는 사람도 있고, 가을에 죽는 사람도 있고, 겨울에 죽는 사람도 있다.

사람은 왜 살다가 죽을까?

간단히 논하면, 그것은 시간과 공간 속에 갇힌 몸이란 한시적인 유기체 때문이다.

이처럼 인간은 생물학적 삶과 죽음에 무한정 묶여 있다.

즉 인간은 자신의 영성을 되찾아서 업보를 청산하지 않으면 그 몸은 항상 연기처럼 사라지는 공허한 처지에 놓이게 된다.

그러므로 너희는 쓸데없는 오기(傲氣)[3]와 편견을 버려야 한다.

너희는 존재의 본질에 대해 다시 배워야 한다.

너희는 몸과 마음에 대해 다시 이해해야 한다.

세상에 나의 형체가 있든 없든 너희는 나의 가르침을 만세 진리의 반석으로 기둥 삼아야 한다.

나는 너희의 영원한 정신적인 지주이며 불멸의 원천이기 때문이다.

Man knows nothing but to eat and drink.

Man knows only fashion and enjoy.

Man knows only how to laugh and chat.

Man knows only how to making money and to work.

Man knows only body sex and body energy.

Man knows nothing only but to live comfortably and easily.

This is not all a high-level life that faces reality.

Namely There are people who are born in spring.

There are people who are born in summer.

There are people who are born in the fall.

Some are born in winter.

On the other hand Some die in the spring.

Some die in the summer.

Some die in the fall.

Some die in winter.

So why do people live and die?

To put it briefly It is due to a temporary organism, a body trapped

---

3) 오기(傲氣) 능력은 안 되면서도 지기 싫어하고 배우려고 하지 않는 교만한 마음. 잘난 체하는 방자한 사악한 에너지.

in time and space.

Like this, humans are bound by stupid biological life and death indefinitely.

So if we don't get our own spirit back, The body is in an empty situation where it always disappears like smoke.

Therefore, you must get rid of all obstinacy, and prejudices.

You must learn again about the nature of existence.

You must understand your body and mind again.

You must always thinking my teachings as a light of truth.

With or without my body in this world.

Because I am your permanent spiritual anchor and a source of immortality.

제57장

逃出身子, 回自己心
도 출 신 자   회 자 기 심

몸 밖으로 나와서 마음으로 돌아가라!
몸으로 구하는 것은 재앙이고, 마음으로 구하는 것은 진리다.
사람은 물질적인 삶보다 정신적인 삶에 주력해야 한다.
Get out of the body!
Go back to your mind!

행복한가?

무엇이 얼마나 행복한가?

불행한가?

무엇이 얼마나 불행한가?

괴로워 말라!

지금 입고 있는 몸은 너의 본질이 아닌 모두 빈껍데기 환영이니라.

생각하고 근심하라!

지금 세상을 배회하는 집시 같은 너의 슬픈 영혼은 너의 혼란스러운 마음이 그리 만들었느니라.

그러므로 너희가 진정 고통스러운 삶을 끝내고 천국에 가고자 한다면, 너무 늦기 전에 몸에서 쏟아내는 모든 더러운 욕심과 거짓의 옷을 벗어 던지고 보다 선한 옷을 입고 전혀 새로운 사람이 되어야 할지니라.

Are you happy?

What makes you so happy?

Unhappy?

What is so unhappy?

Don't worry!

The body you are wearing is not your essence. It's all just a empty shell illusion.

Think and worry!

A like a gypsy wandering in the world your sad soul, it's all made your confused mind that way.

Therefore, if you want to end a truly painful life and go to heaven, Before it's too late.

You must throw off all the dirty clothes of greed, falsehood and evil deeds that are poured out of your body.

You'll have to wear a new suit of good, pure mind!

知者不死

제58장

지 자 불 사

아는 자는 죽지 않는다.

자신을 알면 죽지 않는다. 사람이 죽는 것은 자아를 잃었기 때문이고, 거짓

된 것만 배우며 악성과 무지에 살기 때문이다.

진리를 깨우치면 죽지 않는다는 불멸의 가르침.

If you enlighten the truth, you will never die.

큰 덕을 가진 사람은 오직 도만 생각한다.

도라는 것은 밤길을 걸으면 앞이 잘 보이지 않지만, 어두운 속에서도 모양이 나타나며 또한 태양, 바람, 비, 안개, 꽃, 새, 동물, 사람 같은 다양한 형태로 변신해서 사물에 깃들어 자유롭고 인간이 느낄 수 없는 영묘한 에너지로 사방이 둘러싸여 있으며 그 심오한 영 에너지는 더없이 참되고 순수한 것이니 그 속에 만물의 창조자의 실체가 숨어 있다.

그것은 옛날부터 지금까지 불변의 도라고 불리며 수많은 부족과 족장을 거느리는 하느님과 같다.

그 실상을 내가 알 수 있는 것은 자연의 이치와 끝없는 자각을 통하여 나는 본질적으로 하느님과 다르지 않기 때문이다.

A man of great virtue thinks only of Do.

As for Tao, When walk through the night, can't see well, but even in the dark, can see figure.

It also seeks various self- change such as the sun, wind, rain, fog, flowers, birds, animals, and humans.

There's a mysterious energy surrounding it that humans can't sense.

The profound energy of soul is the absolute truth and purity of it.

The creator of all things is hiding in it.

It is called the unchanging Do from old to present.

It's like a god with many tribes and chiefs.

The reason I know about it.

Through natural reasoning and endless spiritual awakening

Because I'm not different from God in nature.

擊心要害
격 심 요 해

> 제59장

허를 찌르다. 급소를 찌르다. 정곡을 찌르다. 폐부를 관통하다.
세상에 좋은 말, 좋은 책이 없어서 인간성이 멸망한 것이 아니다.
사람이 생전에 반드시 깨우쳐야 할 참된 말, 진리.
진리는 쓰다. 그러나 천국을 보장한다.
Truth is bitter but guarantees heaven.

세상에는 편하게 살면서 나쁜 짓만 골라 하는 악한 도둑도 많고 사기꾼도 많고 사이비도 많다.

반면, 어려운 처지에서도 성실하게 살아가는 선량한 사람들도 많다.

따라서 그들에게 힘이 될 수 있는 좋은 말만 해 줄 수도 있지만, 참된 현인이 뱀 같은 말을 경계하는 것은 본디 사실과 다른 가식의 칭찬은 늪에 빠진 사람의 마음에 독이 될 뿐만 아니라 인간이 영적으로 회복하는 것보다 더 중요하고 시급한 일은 없기 때문이다.

따라서 순수한 정신 에너지를 제공하는 나의 약초 같은 자연 철학은 진정으로 인간을 걱정하고 세상을 배려하지 않으면 절대 피어날 수 없는 진리의 대 보시(布施)임을 알아야 한다.

There are many evil thieves, swindlers, and hypocrites who live comfortably but choose to do wrong in the world.

On the other hand, there are many good people who live honestly even in difficult situations.

So you can give them the words that are palatable to comfort.

But the reason the real wise men are wary of snake-like words is that the false praise, which differs from the original fact, is poisonous to the minds of the bogged down and also nothing is more important and urgent than restoring human spiritual health.

So all my herbal pure mental energy, natural thinking and philosophy, You should know that it is a great gift of truth that can never be meet without from the bottom of one's heart uniformly worrying about human being and consideration about the world.

제60장 知者皆佛
지 자 개 불

깨우치는 자는 다 부처다.
영이 순수하면 누구나 신이 될 수 있다.
Every man who learns is a Buddha.
Anyone can be a god if spirit is pure.

사람의 수명은 들쭉날쭉하지만 인간은 근본적으로 몸으로 살고 죽는 하루살이 곤충 같은 생물체 개념을 유지한다.

또한 출생과 함께 각자 주어진 처지에서 일률적인 생활체계를 답습하며 한시적인 인생을 영위한다.

하여 어린 시절의 아이는 자기가 사는 마을이 전부인 줄 인식한다.

그러다 어른이 되면 여러 객지를 떠돌아다닌 후에 비로소 땅 넓은 줄 알게 된다.

즉 세상은 인류가 사는 지구에 한정하지 않는다.

은하계 대부분의 행성은 모든 방면에서 지구 환경을 압도할 만큼 가장 이상적이고 환상적인 여건을 가지고 있다.

또한 우주는 상상할 수 없을 정도의 무수한 고차원의 신비한 별들로 가득하다.

그럼에도 인간만 그 모든 존재의 진실을 부정하며 망각하고 있다.

그것이 인류가 고대부터 고집하고 있는 어리석음의 소산이나.

자연에 다시 비교할 것 같으면 인간은 망망대해에 떠다니는 지푸라기와 같고, 들판에 흩날리는 흙먼지와 같다.

그 작은 울타리 안에서 과연 무엇을 보고, 듣고, 느끼고, 생각할 것인가?

그러므로 비록 소수이지만 나는 이미 나의 순수한 영적 가르침을 통해 인간을 구하고, 세상을 구했다.

너희가 이 시대에 나를 만나 무의식적으로 마음의 눈을 조금씩 뜨고 있는 것이 그 증거다.

그 외에 정신적으로 부족한 부분은 스스로 가꾸고 다듬어서 선한 것은 양성하고 악한 것은 솎아내야 한다.

그것이 삶의 완수, 깨달음의 완료다.

There are people who live long and live short, but humans basically maintain the concept of living things like insects that live and die in the body.

They also pursue a common lifestyle with birth and lead a temporary life.

Therefore, a child in his childhood only recognizes that the village in which he lives is all.

When you become an adult, you will not know the world's wide truth until you leave your hometown and wander around unfamiliar places.

In other words, the world is not limited to the planet where humans live.

Most of the planets in the galaxy have the most ideal and fantastic conditions to overwhelm the Earth's environment in every way.

The universe is also filled with countless unimaginably high-level mystical stars.

Yet only humans are oblivious to the truth of all that exists.

That is the product of the folly of mankind from ancient times to present.

If you're going to compare it to nature again, Man is like a straw floating in the sea, like a cloud of dust flying over a field.

What will you see, hear, feel and think in that little fence?

Therefore, although it is now a minority, I have already saved human beings through my teachings and saved the world.

The proof is that you meet me in this world, consciously or unconsciously, to know the true nature of the spirit and open your mind.

The other parts that are spiritually lacking must cultivate good nature through honest self-training and dissipate evil character. That is the fulfillment of life, the end of enlightenment.

心思心竅
심 사 심 규

제61장

깨달음은 마음의 그릇이 중요하다.
마음속에 때가 묻어 있으면 산란해서 깨달음을 얻을 수 없다.
Realizing is a matter of mind.

그림을 그리려고 하면 밑그림을 위한 스케치가 필요하다.

또한 어느 정도 미술에 조예가 있어야 하는데 여기에는 착상, 원근, 명암, 여백, 배색 조율 및 색채 혼합에 대한 전반적인 미적 이해와 예술적 감각을 요한다.

그래야 한 편의 좋은 작품이 탄생하고, 경우에 따라서는 대가 소리도 듣게 된다.

사물의 이치가 그와 같듯 마음을 다스리는 도의 세계 역시 고도한 정신력과 순수한 통찰력이 필요하다.

가령, 속정과 물욕에 집착한다거나 도량이 좁다거나 해서 소인의 성질을 가지고 있으면 진리의 경지에 오르기 힘들다.

그러므로 생물학적 인간의 영역을 벗어나서 보다 파워풀한 존재가 되기 위해서는 스스로 초자연에 버금가는 신 마음을 품고 있어야 한다.

이것을 영적 도야(陶冶)라 한다.

When you try to draw a picture, you need a sketch for the drawing.

You also have to have some art skills.

It requires a general aesthetic understanding and artistic sense of conception, perspective, contrast, color coordination, and color mixing.

That way, good works are created, and sometimes you can hear the master.

As is the logic of the thing The world of mind control also needs high spirituality and pure insight.

For example, it is difficult to get to the truth if you have a predisposition to the predisposition of the predisposition or a narrow mind.

Therefore in order to be more powerful beyond the biologic human domain, one must have the spirit of a biggest person equal to the supernatural.

This is called spiritual doya(training or care).

제62장 金不能德
금 불 능 덕

돈은 덕을 능가하지 못한다.
물질은 정신을 능가할 수 없다.
Money cannot beyond the virtue.
(Material cannot surpass the spirit.)

인간 세상에서는 사람의 능력을 돈과 재물의 양으로 평가하는 나쁜 습성이 있다.

그러나 가난과 부자는 사람의 거짓된 욕심의 산물일 뿐, 본디 인간은 몸 없는 영적 존재이기 때문에 그런 관념 자체가 존립될 수 없다.

즉 가난한 사람은 가난하지 않고, 부자는 부유하지 않다.

인간은 단지 몸을 탐욕의 도구로 사용함으로써 정신까지 털리게 되는 어리석음만 반복한다.

그러므로 사람은 헛것만 보고 살아가는 자신의 생각의 결핍을 부끄럽게 여기고 마음의 타락을 심각하게 걱정해야 스스로 덕을 구하는 수양의 삶을 살아가게 될 것이다.

In the human world, there is a very bad habit of assessing a person's ability by the amount of money and wealth.

That's why people are so obsessed with making money and building wealth that they forget the essence of life.

But poverty and the rich are the products of man's false greed.

Such an idea cannot exist in itself because humans are originally bodyless spiritual beings.

In other words, the poor are not poor, the rich are not rich.

Just, humans repeat the folly of using the body as a tool of greed.

Therefore, one should be ashamed of his lack of thought that pursues nothing but nothing in life.

You'll find your own mind only when you're seriously concerned about your mental breakdown.

不知者不知, 知者既知

제63장

부 지 자 부 지　지 자 기 지

> 모르는 자는 모르고, 아는 자는 이미 안다.
> 욕심에 찌든 속인은 죽을 때까지 자신을 모른다.
> 현인은 욕망을 극복함으로써 신의 경지에 도달한다.
> He who does not know never know, but he who knows, already knows.
> (The greedy man does not know himself until his death. A wise man reaches God's level by overcoming his desires.)

세상 사람들은 눈에 보이는 것만 본다.

그래서 스스로 생각하고 깨닫는 것이 아무것도 없다.

돈, 재산, 학식, 인기, 명예, 권력, 출세, 업적, 평판 등, 그것이 무엇이든 간에 처지에 매여 자기를 짓밟지 말라.

구태여 가식적이고 사악한 방법으로 남보다 행복할 필요가 있는가?

구태여 교활하고 위선적인 방법으로 훌륭한 사람이 될 필요가 있는가?

스스로 더러운 몸을 버려 순수한 영을 얻는다면 세상에 그보다 더 위대한 사람은 존재하지 않는다.

그러므로 어리석은 자는 욕심만 갖고 세상을 반대로 산다.

지혜로운 자는 모든 것을 내려놓고 세상을 반대로 산다.

그러나 어리석은 자는 자신에 대해 아무것도 모르기 때문이고 지혜로운 자는 자신의 근원을 이미 알고 있기 때문이다.

People only see what they see.

So there is nothing to think about and realize for oneself.

money, property, education, popularity, honor, power, promotion, achievement, reputation, etc.

Don't crush yourself whatever it is.

Do you need to be happier than others in a pretentious and evil way?

Do you need to be a good person in a cunning and hypocritical way?

If you throw away your dirty body and get your own pure spirit, There is no greater man in the world than him.

Therefore, the foolish man only wants to live in the opposite direction.

The wise man puts everything down and lives the opposite way.

Just because a fool doesn't know anything about himself.

Because the wise already know who they are and where they come from.

我言比生重
아 언 비 생 중

제64장

나의 말은 삶보다 중요하다.
나의 도는 모두가 자연에서 터득된 진리이다.
가벼이 보거나 우습게 알면 재앙이 따르기 때문에 목숨보다 귀하게 여겨야
한다.
My words are more important than life.

한여름에 서늘한 그늘을 드리우며 묵묵히 헌신하는 나무가 기특한 것
은 단지 뜨거운 태양과 열기를 피할 수 있기 때문만은 아니다.

나무가 고마운 것은 지친 나그네에게 잠시 휴식을 취하며 한번쯤 삶에
대해 생각할 수 있는 마음의 여유를 깨우쳐 주기 때문이다.

인간의 병든 영을 치유해서 세상 사람들에게 불멸의 길을 밝히는 나의
정신적인 가르침 또한 그와 다르지 않다.

The reason why trees are so devoted in the middle of summer with
a cool shade is not just because they can avoid the hot sun and heat.

The tree is grateful because it gives the weary traveler a real peace
of mind to think about life.

My spiritual teachings, which try to heal the ailing soul of man and
send the world pople to heaven, are no different from that.

제65장

憐憫之心
연 민 지 심

존재가 존재를 불쌍히 여기는 선한 마음.
인간 개개인이 구현해야 할 자연 정신.
yeonminjisim
A good mind that cares about and understanding for existence.

하늘 아래 높든 낮든, 부유하든 가난하든, 잘났든 못났든, 건강하든 아프든, 유식하든 무식하든, 강하든 약하든, 귀하든 천하든, 산 자든 죽은 자든, 즐겁든 괴롭든 인간은 근본적으로 길 위에 흩어지는 먼지처럼 모두 외롭고 불쌍한 존재다.

또한 수많은 시간과 공간을 살아도 알 수 없는 것이 돌고 도는 사람의 인연이다.

그래서 다음의 메시지를 우리의 생애에 남긴다.

인생에서 가장 좋은 때는 누군가를 만날 수 있는 일이고, 인생에서 가장 좋은 일은 누군가를 사랑할 수 있는 날이다.

그러므로 내가 사랑하는 것만 사랑하지 말고, 내가 싫어하는 것만 미워하지 말고, 세상에 스쳐 가는 모든 것들을 연민하라!

Under the sky High or low, Rich or poor, Beautiful or ugly, Healthy or sick, Erudite or ignorant, Strong or weak, By noble or humble, Living or dead for joy or forlornness Humans are essentially lonely and pitiful, like dust scattered on the road.

Also, what is unknown even if you live so much time and space, is the connection of a person by the endless cycle of reincarnation.

So I leave the following heaven message in our lives.

The best time in life is to meet someone.

The best thing in life is the day when you can love someone.

Therefore, Don't just love what I love.

Don't just hate what I hate.

Feel compassion for everything you see in the world!

제66장

舍人自歸
사 인 자 귀

인위를 버리고 자연에 흘러가라!
인간은 인위적인 것에 의해 영악해져서 타락한다.
마음을 비울 때 스스로 순수해져서 탐욕과 악함은 절로 사라진다.
Abandon artificiality and flow to nature!
Man is depraved by artificial things.
When you empty your mind and put everything down,
your greed and evilness disappear by itself.

사람이 태어나서 죽을 때까지 마땅히 지켜야 할 바른 삶의 길을 통틀어 '도리(道理)'라고 말한다.

살면서 이 보편적인 원칙을 지키지 않으면 사람 사이에 다툼과 싸움이 생겨 각종 불행한 인적 재앙을 야기하므로 처지를 불문하고 누구나 의무적으로 행해야 할 기본 덕목이며, 때에 따라서는 한 사람의 성품을 가늠할 수 있는 인격의 잣대가 되기도 하기 때문에 교육을 통해, 학문을 통해 끝없이 강조되는 일반적인 도덕규범이라 할 수 있다.

그러나 이것은 어디까지나 가정, 사회, 국가를 지탱하기 위한 화목한 인간생활을 기초한 것으로 사람은 단지 이것만으로는 완벽한 정신 구현이 불가능하다.

가령, 공자나 소크라테스처럼 아무리 인리에 밝은 지성인일지라도 순수한 자기반성과 깨달음이 없다면 인간의 한계를 벗어나지 못하므로 지석 능력은 쓸모가 없게 된다.

즉 도덕성이 인륜적 행동 강령이라 한다면 하늘의 가르침은 종교와 관계없이 인생의 본질과 세상 존재의 궁극적 목표인 사람이 천국에 갈 수 있는 길에 대한 '마음'의 교훈을 말하는 것으로, 한 마디로 인류를 위한 종합 영적 지침서라고 할 수 있다.

그러므로 사람은 도덕을 바탕으로 반드시 자신의 영을 회복해서 물질계를 초월해야 자유로운 영혼이 될 수 있다.

The basic virtues that a person must keep from birth to death are called "Dori."

If you don't abide by this universal rule in your life, you will end up fighting and fighting between people, causing all kinds of unfortunate human disasters.

A universal moral code is often emphasized through education and learning because it is a value imperative for all to learn and acquire, and sometimes it is a yardstick for character of a person.

But it's based on the human life of a family, a society, a nation.

It is not possible for a person to realize a complete mind.

Confucius and Socrates, for example, are wise men of reason. But knowledge is neither important nor meaningful, because even the most brilliant intellect can never escape human limitations without the pure reflection and enlightenment of one's inner self.

So if morality is a humanitarian code, The lesson of heaven, regardless of religion, describes the nature of life and the teachings of the mind on how a person can go to heaven, the ultimate goal of being in the world, as a spiritual guide to saving mankind on earth.

Therefore, a man must restore his spirituality based on human moral standards and transcend the material world so that he can free himself from all biological suffering.

第67장 愚者臨死還存情
우 자 임 사 환 존 정

어리석은 자는 죽을 때가 되어서야 철든다. 그러나 그때는 늦다.
어리석은 자는 사악한 기운이 가득 차서 아무리 깨우쳐주어도 무슨 말인지
못 알아듣는다.
진리는 지혜로운 자가 구한다.
The fool is full of evil energy and cannot understand no matter how
much you enlighten him. Truth is sought by wise men.

세상 사람들은 지독한 개인주의와 이기적인 성향에 사로잡혀 있다.

그들은 또한 극도로 자기 잇속만 챙김으로써 삶의 희열과 만족감을 느
낀다.

그래서 그들은 더 나은 물질적 풍요를 즐기기 위해 필요한 모든 나쁜 에
너지를 사용할 뿐만 아니라 때때로 그들의 양심을 속이고 심지어 다른 사
람을 괴롭히는 짓도 마다하지 않는다.

그것은 근본적으로 지혜로운 마음을 지닌 선한 영이 아니다.

인간은 자신의 행복보다 타인의 고통을 먼저 이해하고 배려함으로써 참
다운 자기 철학이 완성된다는 것을 알아야 한다.

자기를 위한 욕심의 삶이 이로운 것처럼 생각하지만 사실은 두고두고 화
를 자초하는 길이며, 남을 위한 헌신적인 삶이 손해인 것처럼 생각하지만
사실은 오래도록 복된 길을 가는 것이다.

The world is obsessed with terrible individualism and selfishness.

They also feel the joy and satisfaction of life by being extremely self-serving.

So they not only use all the bad energy they have to enjoy better material affluence, but sometimes they don't hesitate to deceive their conscience and even harm others.

It is not essentially a good spirit with a wise heart.

By understanding and caring for other people's suffering before my happiness, You must realize that true self- philosophy is complete.

You know, life of greed for yourself seems to be beneficial right now, In fact, it's a constant source of disaster.

I think a dedicated life for others is a loss.

In fact, it's a blessed road forever.

心思在心
심 사 재 심

제68장

길은 마음에 있다.
하늘길은 자기 마음에서 찾아야 한다.
The road is in my mind.

박혀 있는 못은 녹이 슬고 빠지지도 않는다.

스스로 불멸의 성좌가 되고자 한다면, 창조된 종(種)의 생각을 버리고, 주입된 종(從)의 인식을 버리고, 모든 면에서 인간의 흔적을 지워야 한다.

하늘은 그것을 위대한 영혼의 귀환이라 한다.

A nail stuck in it will rust and won't come out.

If you want to be a sacred constellation of immortality, Forget the think of the creation of the species.

I'm going to throw away the perception of the injected slave.

We must erase the traces of human beings from every aspect.

Heaven calls it the return of great spirits.

제69장 體是假的, 心是眞的, 身體是假, 人死證明
체시가적 심시진적 신체시가 인사증명

몸은 가짜고 마음이 진짜다.
몸이 가짜라는 것은 죽음이 증명한다.
The body is fake and the mind is real.
The fact that the body is a fake proves that human death.

예쁘다, 못생겼다, 키가 크다, 키가 작다, 돈이 많다, 돈이 없다, 부유하다, 가난하다 등등 이것은 물질의 집착이 낳은 현실의 착각에 불과하므로 삶의 본질이 아니다.

정직한 사람인가 아니면 부정한 사람인가.

진실한 사람인가 아니면 거짓된 사람인가.

욕심 없는 사람인가 아니면 욕심 많은 사람인가.

선한 사람인가 아니면 악한 사람인가.

순수한 사람인가 아니면 오염된 사람인가.

이것은 인간의 마음이 외부로 나타나는 영의 정수이므로 존재의 실체가 된다.

그러므로 인간은 몸을 떠나 고도의 정신에 살아야 업보를 씻고 천국에 갈 수 있다.

to be pretty, That's ugly, to be tall, height is short to have a lot of money, to have no money, be rich poor and so on This is not the reality of life because it is an illusion of the phenomenon that the obsession with matter has arisen.

Is he honest or unjust?

Is he true or false?

Is he a man of no desire or a man of greed?

Is he good or bad?

Is he a pure or a polluted?

This is the essence of being because the human mind is the external manifestation of the spirit.

Therefore, humans should live in a high-altitude spirit, so that they can wash their karma and go to heaven.

제70장 善者生, 惡者生
선 자 생   악 자 생

선한 사람은 선한 삶을 낳고, 악한 사람은 악한 삶을 낳는다.
선은 선의 산물이고, 악은 악의 산물이다.
Good men produce good lives, evil men produce evil lives.
(Good are the products of good, and evil are the products of evil.)

부유하다고 다 나쁜 사람이 아니고, 가난하다고 다 좋은 사람이 아니다.

부유하다고 다 좋은 사람이 아니고, 가난하다고 다 나쁜 사람이 아니다.

다만 부유할수록 사치와 향락에 빠질 확률이 높고, 가난할수록 악의 유혹에 넘어가기 쉽다.

본래 먹고 배설하는 생체 인간은 물질의 지배를 받음으로 정직한 도덕 체계와 강력한 정신력을 갖고 있지 않으면 한순간에 타락해서 자신의 인생을 망칠 위험이 크다.

따라서 사람은 최대한 물욕에서 멀리 떨어져 항상 생각하고 성찰하는 깨달음의 세계에 머물러 있어야 몸이 다할 때까지 좋은 영을 보존할 수 있다.

Not all rich people are bad people.

Not all poor people are good men.

Not all rich people are good people.

Not all poor people are bad man.

Just the richer he is, the more likely he is to fall into luxury and pleasure. The poorer you are, the more likely you are to be tempted by evil.

So essentially, the biological human being who eats and excretes is affected by matter.

If you don't have an honest moral system and a strong mind, There is a great risk of being corrupted in a moment and ruining one's life.

Therefore we are as far away from the greed as possible.

Stay in a world of deep enlightenment that always thinks and reflect.

You can preserve a good spirit until you finish your life.

生者有身, 死者無身

生 자 유 신   사 자 무 신

제71장

살아 있는 사람은 몸이 있고, 죽은 사람은 몸이 없다.
역설하면, 인간은 몸과는 별개의 존재로 죽을 수도 없고, 죽일 수도 없고, 죽어지지도 않는다.
People who are alive have bodies,dead men have no bodies.
(Humans is can't die, can't kill, not even die.)

죽은 자는 몸이 없다.

몸이 없으니 얼굴도 없고 손발도 없고 살도 없고 창자도 없다.

몸이 없어지니까 욕심도 집착도 애착도 함께 다 사라진다.

인간은 본래 그렇게 무형의 상태를 유지한다.

그것이 존재의 본질, 영이다.

그럼 죽은 자는 어떻게 되는가?

죽은 자는 죽은 것이 아니라 그대로 공간에 살아 있다.

단지 시체를 땅에 묻고 화장을 해서 몸은 소멸되고 영은 그 형체가 안 보일 뿐, 윤회에 따라 일정한 출생 과정을 거쳐 타인의 몸을 통해 새로운 가족을 만나 또 다른 얼굴과 이름으로 태어날 때부터 다시 배우고 경험하며 생물학적 삶을 계속 이어간다.

인간은 그런 식으로 영원히 산다.

이것이 삶의 신비고 죽음의 비밀이다.

이처럼 사람들은 자연의 도를 모르기 때문에 오만가지 난센스를 지어낸다.

그러므로 인간은 정신적으로 끝없이 깨우치고 성장하고 진화해서 완전한 영으로 거듭나야 한다.

Dead men have no body.

No body, no face, no hands, no feet, no flesh, no intestines.

The physical image of one being disappears from the phenomenon.

With the body gone, greed, obsession, and attachment all disappear.

Human beings naturally remain so intangible.

It is called the soul which is the essence of being.

So what happens after a person dies?

The dead are not dead but living in space.

Just bury the body in the ground and burn it.

Body's gone, spirit's invisible.

Through reincarnation and reproduction I want to be someone else's family, with a whole new face and name.

People has been learning and experiencing again since he was a newborn baby, continuing his biological life.

Humans live eternity in that way.

This is the mystery of life and the secret of death.

So people don't know the tao of nature, so they produce all kinds of nonsense.

Therefore, human beings must endless wake up and grow and evolve mentally and become complete spirits.

身貧心富

신 빈 심 부

제72장

> 몸은 가난하게 마음은 부유하게.
> 육신은 가볍게 생각해서 소박하게 살고, 정신은 보물처럼 귀하게 여긴다.
> The body is thinks lightly, and mind think values like treasure.

궁궐에 사는 왕이나 다리 밑에 사는 거지나 공허한 죽음을 전제한 인간적인 처지는 똑같다.

즉 세상에 존재함에 있어서 물질적 풍요나 외형의 모습은 중요하지 않다.

다만 생각의 순수성과 마음의 선악 차이가 인간의 정신세계를 천국과 지옥으로 갈라놓게 되니, 사람은 이 부분을 잘 명심해서 인생을 지혜롭게 살아야 한다.

비록 몸은 된장국을 먹고 누더기를 걸치고 살지언정 영적인 삶은 최고의 수준을 유지하고 있어야 한다.

The king who lives in the palace or a penniless beggar living under a bridge without a house.

The human situation, which led to empty death, is the same.

That is, in the world, Material affluence and appearance are not important at all.

But the pureness of thinking and the difference in mind separates a human spirit into heaven and hell.

One must live a wise life with this in mind.

Although body eat soybean paste soup and wear rags and live without taste.

A spiritual life should be at the highest level.

제73장 智者功善, 愚者凶惡
지 자 공 선   우 자 흉 악

지혜로운 사람은 자신보다는 남을 이롭게 하는 선업에 힘쓰고, 어리석은 자는 자기 욕심을 채우기 위해 남을 괴롭히는 악행을 일삼는다.

현명한 사람은 타인의 고통을 배려할 줄 아는 선한 지혜를 가지지만 어리석은 자는 욕심에 대한 양심의 가책을 느끼지 않는다.

인간은 자기가 행한 그대로 카르마(업보)를 받는다.

그 가림을 잘 헤아려서 처신하라.

He who is wise works in good deeds that benefit others, Fools always pick on others, and doing wrong.

선한 일을 하면 나도 기쁘고 남도 기쁘게 하고, 악한 일을 하면 나도 괴롭고 남도 괴롭게 한다.

Doing good things makes me happy and makes others happy.

If I do evil, I suffer and others suffer.

제74장 看看爾的心意, 看看爾的肉體
간 간 이 적 심 의　간 간 이 적 육 체

> 몸을 보지 말고, 네 마음을 보라!
> 사람의 몸은 아무리 잘 먹고 잘 가꾸고 잘 돌봐도 쓸모가 없다.
> 인간은 반드시 마음의 진리를 찾아야 천국에 갈 수 있다.
> Do not look at your body, but look at your mind.

"무형의 신은 모든 것이 자유 의지에 흐르지만, 생물학적 몸을 가진 인간은 차원의 이동 자유가 없다."

간단히 예를 들었지만 이것이 신과 인간의 근본적인 차이다.

뿐만 아니라 태초부터 신과 인간은 단일 영류로 영생을 공유한다.

그러나 완전한 정신세계를 지닌 영적 존재인 신들은 하늘에서 살고 타락한 영을 지닌 인간은 척박한 땅 위에 국한되어 있다.

또한 그들은 인간이 착하든 악하든 종교를 믿든 않든 관심이 없다.

그것은 만물을 짚으로 짠 개와 같은 단순한 물건으로 보기 때문이다.

이것이 종교의 허상이고 신앙의 대 오류다.

그럼에도 불구하고 선과 악이 명확하게 구분되는 것은 인간은 마음을 어떻게 사용하느냐에 따라 영혼의 환경이 극과 극 갈리기 때문이고, 또 개개인의 수양 정도에 따라 맑고 선한 영은 부처와 같이 사후 영의 파동을 따라 하늘에 오르고 질이 나쁜 영은 각종 부패한 정신 에너지로 인해 지구 대기권을 벗어날 수 없다.

즉 신이 인간에게 상과 벌을 내리는 것이 아니라 사람은 자기가 뿌린 대로 스스로 상을 받고 벌을 받는다.

결국 인생 본질은 모든 것이 자기의지, 자기책임 하에 있는 것이다.

그러므로 사람은 끝없이 자신의 내면을 갈고 닦아야 하고 타인을 이해하고 자연을 배려하는 격조 높은 선성을 연마해서

절대 악한 길로 빠지지 않아야 한다.

"The intangible God is all about free will, but humans with biological bodies have no freedom to move in dimensions."

This is the fundamental difference between God and man, for instance.

And since the beginning of the universe, gods and humans are single creatures and share eternal life.

But the gods of the complete psyche live in the sky.

Human beings with fallen spirits are confined to barren land.

They also don't care whether humans are good or evil, religious or not.

Because they think of everything as simple as a straw dog.

This is a religious illusion and a great fallacy of faith.

Nevertheless, the clear distinction between good and evil is It's because the environment of the soul is poles apart, depending on how we use the mind.

A clear spirit, like a Buddha, is raised in the sky by the waves of a posthumous spirit.

Bad spirits cannot escape the Earth's atmosphere due to corrupt mental energy.

That is, God does not reward and punish us.

Man is rewarded and punished for what he has sown.

After all, the essence of life is that everything is under its own will and responsibility.

Therefore, a person must polish his inner self endlessly.

You need to practice high-level goodness to understand others and respect nature.

Never fall into evil ways.

제75장 不義之財, 不可一世, 無染之貧, 萬古長靑
불의지재 부가일세, 무염지빈 만고장청

> 불의한 재물은 재앙이 따르고, 떳떳한 가난은 만고에 흥한다.
> 하늘의 이치를 안다면, 죄 많은 부자로 사는 것보다 죄 없는 가난뱅이로 사
> 는 것이 더 낫다.
> 죄 있는 사람이 되지 말고 죄 없는 사람이 돼라.
> If you know the logic of sky,
> Do not be sinful rich, but be sinless poor.

도가 행해지는 선한 세상에서의 가난과 불행은 창피한 일일 수 있다.

그러나 도가 완전히 바닥난 악한 세상에서의 부와 행복은 거짓말, 속임
수, 비굴함만 난무하므로 자랑할 것이 아무것도 없다.

Poverty and unhappiness can be shameful in an honest world where
morals are practiced.

But in a world like the run-down pig trough, wealth and happiness
are Only lies, deceit, and flattery are rampant and nothing to brag
about.

제76장

體是騙局, 心理核實
체 시 편 국   심 리 핵 실

몸은 속임수고, 마음이 진리이다.
사람은 몸으로 살면 절대 구원될 수 없고 스스로 마음의 눈을 떠야 존재의
궁극에 오를 수 있다.
The body is deceitful, the heart is truth.

　사람들은 마치 몇백 년을 사는 것처럼 자신의 몸에 대한 애착과 자부심
이 대단하다.

　그러나 몸으로 구하는 모든 욕심의 행위는 자신의 영적 정서를 갉아 먹
는 재앙의 독이 된다는 사실을 알아야 한다.

　사람에게 눈이 없다면 무슨 수로 만물의 풍경을 볼 것인가.

　사람에게 귀가 없다면 무슨 수로 만물의 소리를 들을 것인가.

　사람에게 코가 없다면 무슨 수로 만물의 냄새를 맡을 것인가.

　사람에게 입이 없다면 무슨 수로 먹고 말할 것인가.

　사람에게 손이 없다면 무슨 수로 물건을 쥐고 만질 것인가.

　사람에게 발이 없다면 무슨 수로 돌아다닐 것인가.

　사람에게 몸이 없다면 무슨 수로 세상을 살 수 있을 것인가.

　그러므로 자아실현과 천국의 도를 동시에 완성하기 위해서는 인간은 몸
이 아니라 마음의 자각으로 살아가는 영적 존재라는 사실부터 먼저 깨달
아야 한다.

People have great affection and pride for their bodies as if they lived for hundreds of years. But you should know that every act of greed that you save by your body is a poison of disaster that eats away at your mental emotions.

If a had no eyes, how could he see the scenery of all things?

How can you hear the sound of all things without your ears?

If you don't have a nose, how can you smell things?

If you have no mouth, how can you eat and speak?

If a person had no hands, how would he touch it?

If a person had no feet, what would he do to get around?

How can I live without body?

Therefore, to complete the path of self-realization and heaven at the same time,

We must first realize that humans are not bodies, but spiritual beings who live by their conscious minds.

제77장

길
Way

    세상 누구도 믿지 말고, 무엇에도 기대지 말고, 너 스스로, 욕심내지 말고, 악한 일은 삼가 하고, 선한 일을 행하며, 그 몸을 떠날 때까지 순수한 영을 간직하라.

    이는 천국으로 가는 절대 요소이며, 인간이 신이 될 수 있는 단 한 길이다.

Don't trust anyone.

without recourse to anything in any circumstances

Don't be greedy.

Don't do evil.

doing good Keep a pure spirit until you leave the body.

It's the absolute element of heaven.

Man is the only way to be God.

善善隨善, 惡惡從惡
선 선 수 선   악 악 종 악

제78장

선한 것은 선한 것을 따르고, 악한 것은 악한 것을 따른다.
The good follow the good, the evil follow the evil.

눈만 뜨면 이익을 추구하기에 골몰하는 속세 사람과 어울리기보다는 산골에 사는 소박한 늙은이를 만나는 것이 좋고, 권문세가에 드나들면서 굽실거리기보다는 청빈한 현인과 사귀는 것이 깨끗하다.

거리의 뜬소문은 믿을 것이 못 되고 또 마음을 어지럽히기 쉬우니, 차라리 나무꾼이나 소치는 아이의 해맑은 노랫소리를 듣는 것이 낫다.

그리고 남을 시기하고 비방하는 사악한 생각에 갇혀 있기보다는 성인의 아름다운 말과 행실을 논하여, 서로 선한 길을 권하며 마음의 교양을 쌓는 것이 정신 건강에 이롭다.

Instead of hanging out with the people, who is eager to profit, it is better to meet a simple old man who lives in the mountains. Rather than groveling in and out of powerhouses or wealthy families, it is clean to go out with a poor but honest scholar.

Street gossip is unreliable and prone to upsetting, so it's better to hear the pure songs of a woodcutter or shepherd.

And rather than be locked in an evil idea of envy and slander, it is beneficial in many ways to encourage each other in terms of the good ways and practice of the old saint.

제79장

貪求病死
탐 구 병 사

욕심은 병이다. 사람은 욕심 때문에 파멸한다.
Greed is a disease. Man is ruined by greed.

천지가 죽지 않고 장수할 수 있는 것은 살고 죽는 것에 집착하지 않기 때문이다.

그러나 사람들은 무엇이든 움켜쥐고 발버둥치기 때문에 스스로 죽어서 사라져 버린다.

자연의 섭리를 깨우친 사람은 몸을 잊어 물리적 죽음을 초월한다.

또한 세상에는 가지 말아야 할 것이 있으니 그것이 곧 악의 길이다.

그러나 사람들은 욕심 때문에 악을 만나 고통의 대지에 갇힌다.

하늘의 이치를 아는 성인은 자신의 정신세계를 확고히 지킴으로써 찬란한 별빛이 된다.

그러므로 먹고 입고 놀고 즐기는 몸덩어리에 공들이는 만큼 자신의 영을 순수하게 꽃피우는 데 열성을 쏟는다면 누구나 지구를 탈출할 수 있다.

이처럼 천국의 길은 하나지만 인간이 어리석어 만 갈래의 지옥을 자초하니 무릇 인생의 진리는 마음의 비움에서 찾아야 하는 법이다.

The reason why heaven and earth go without dying is because they are not obsessed with living and dying.

But people are obsessed and grabbing at anything, so they disappear by themselves.

A wise man transcends human death by forgetting his own body.

Also, there is something in the world that should not go, which is the path of all evil.

But people wander around the land of endless suffering because of greed.

A saint becomes a shining star by firmly defending his mental world.

Therefore, as much as you put your efforts into unnecessary chunks of meat that you eat, wear, play, and enjoy.

Anyone can escape the earth if they are eager to bloom their spirits purely.

There's only one way to go into space like this, Humans are stupid. They're asking for hell.

The truth of life must be found in the emptiness of the mind.

제80장

人就回家
인 취 회 가

사람은 집으로 돌아가라.
천국은 본래 사람의 집이고 사람의 고향이다.
인생의 방황을 끝내고 영원한 천국에 가서 모두 고통 없이 행복하게 살아야
하지 않겠는가!
Go home, man!

인간은 누가 구원하는가?

오직 그 자의 생각과 마음이다.

영원한 생명은 누가 부여하는가?

오직 그 자의 정신세계이다.

인간은 언제쯤 천국에 갈 수 있는가?

하늘은 항상 열려 있으니 깨달음을 얻은 자는 사후 아무 때나 갈 수 있다.

그러므로 사람은 말과 행동이 일치하고, 몸과 마음이 일치하고, 속과 겉
이 일치하고, 한없이 선하고 순수한 영을 지니고 있을 때 당신, 스스로 우
주에 오를 수 있는 절대 비결이 될 것이다.

Who saves humans?

His thoughts and minds are the only ones.

Who gives eternal life?

His thoughts and minds are the only ones.

When can humans go to heaven?

The sky is always open, so the enlightened man can go any time after his death.

Therefore, man is In agreement with one's words In body and mind On the inside and on the outside When he's possessed of an infinitely good and pure spirit.

It will be the absolute secret of getting yourself into space.

제81장 錢是瞬間, 德是永遠
전 시 순 간 덕 시 영 원

돈은 움켜진 그때뿐이지만 마음의 덕은 영원히 자아를 따라간다.
Money is fleeting and virtue is eternal.

돈과 재물은 자기가 어느 정도 쓰고 여유가 되면 가난한 사람을 돕고 사는 것이 현명하다.

그래야 값어치를 하게 되고 또 그 주인 된 자는 덕을 쌓게 되어 자신의 내면세계를 한 차원 높이 끌어올릴 수 있다.

그렇지 않고 자신의 식구만 위하고 자식에게 물려줄 생각만 한다면 재화의 가치를 없앨 뿐만 아니라 스스로 멸망의 굴을 파는 격이 되서 여러 가지 불이익을 당한다.

자식에게 물려줄 것은 돈이 아닌 순수한 정신 철학이다.

만일 그런 정신적 가치를 모르는 부모나 자식이라면 그 역시 무의미한 생물학적 핏줄에 불과하다.

즉 사람은 너무 부모에게 의존해서도 안 되고 너무 자식에게 기대를 해서도 안 된다.

인류의 각성을 막아서는 가장 큰 이유 중 하나가 혈육에 대한 지나친 집착이다.

이깃은 각종 욕심과 이기주의를 생산해서 남에게 해를 끼치는 불필요한 업보를 낳게 되어 궁극적으로는 가족의 멸종과 함께 윤회의 화근이 된다는 사실을 알아야 한다.

세상을 한 식구로 여기는 큰마음을 가질 때, 인간의 영악한 개인주의가 사라진다.

When wealth is abundant, helping and living with the poor makes one's life blessed.

Otherwise, if they only attempt to pass it on to their children for the sake of their own family, it will not only undermine the value of their wealth, but also bring about their own ruin.

In other words, what should be passed on to one's child is the pure philosophy of the parent rather than money.

If a parent and child don't know the value, it's a meaningless blood.

Therefore, one should not depend too much on one's parents or expect too much from one's children.

One of the biggest reasons for preventing spiritual growth is an obsession with one's own flesh and blood.

This leads to unnecessary karma that hurts others, such as selfishness.

It should be understood that ultimately this is the origin of reincarnation with the extinction of the family.

When one has a mind to regard the world as a family, the human race has lost its evil individualism.

제82장

身是誘餌
신 시 유 이

몸은 미끼다.
육신은 지옥으로 떨어지는 재앙의 덫이다.
함부로 몸 장난 하면 큰일 난다.
The body is a lure.
The body is the trap of disaster that falls into hell.
You'll be in big trouble if you play around.

영은 육체적 죽음 없이 항상 살아있어야 이치에 맞다.

그런데 인간만이 죽음을 통해 삶을 마감한다.

뿐만 아니라 죽음과 함께, 과거의 기억은 지워지고 환생 된다.

그럼에도 불구하고, 인간은 이 가상의 육체적 삶에 집착한다.

그것은 그만큼 인간의 무지가 깊다는 것을 의미한다.

사람이 죽는 이유는 물질로 된 몸 때문이다.

따라서 인간은 불멸의 존재라는 것을 깨달아야 한다.

그것을 알고 있으면 그 사람은 마음을 비우게 된다.

그렇다면 왜 사람들은 육체적 삶과 죽음을 반복할까?

그것은 자기가 갚아야 할 전생의 업보 때문이고 육신은 영혼을 가둬 놓는 생물학적 장치다.

또한, 남성과 여성의 정자와 난자는 인체의 기반이 되는 씨앗이다.

참고로, 모든 생명체와 마찬가지로, 남성과 여성의 생식 기관은 자연 순환하도록 고도로 비밀 설계되어 있다.

이 과정에서 개체에 따라 다양한 물리적 변화를 생성한다.

가령, 각종 유전병, 기형아, 선천적 장애는 그 과정의 일부분이다.

그러므로 육신에서 벗어나고 환생에서 벗어나려면 인간은 높은 수준의 영성을 가질 필요가 있다.

참고로, 원래 영혼은 남녀 성별 없이 독립적인 개념으로 존재한다.

다만 기질이 강하고 순하고의 차이만 있을 뿐 모든 영은 기본적으로 양성을 가지고 있다.

결국 이 모든 길 위의 인생 순례자들은 누가 만들었을까?

그건 너 자신이다.

Spirituality makes sense when it is always alive without physical death.

But only humans end their lives through death.

Furthermore, with death, memories of the past are erased and reincarnated.

Nevertheless, humans are obsessed with this vain physical life.

That means human ignorance is so deep.

The reason a person dies is because of the body made of material.

Therefore, one must realize that man is immortal being.

When one finds out about it, he or she empties his mind.

So why do humans repeat their physical lives and death?

It's because of the karma of his former life.

The body is a biological device that locks the soul.

Also, male and female sperm and eggs are the seeds on which the human body is based.

For your information, like all living things, male and female reproductive organs are designed to rotate exactly naturally.

The process produces a variety of physical changes depending on the object.

For example, genetic diseases, malformed babies, and birth defects are part of the process.

Therefore, to escape from the sinful nature and to escape from the reincarnation, You need to have a high level of spirituality on your own.

For your information, the original soul exists as an independent concept, without gender discrimination between men and women.

But according to spirituality, it is divided into strong and mild temper, and all spirits have two basic qualities.

After all, who made pilgrims on all these roads?

That's yourself.

人生如鈺大智慧
인 생 여 옥 대 지 혜

삶에 필요한 보석 같은 큰 지혜.
The great wisdom of life.

배움과 지식을 쓸모없다고 여기면 속이고 악용하는 기술이 없어져서 세상의 공기는 저절로 맑아지고, 물건을 잡동사니 쓰레기로 대하면 물질에 집착하는 욕심의 생각이 사라져서 사람들은 자연적으로 이성을 찾게 된다.

제도와 도구를 만들지 않으면 도둑과 사기꾼이 없어지게 되고, 격식과 인위를 가까이하지 않으면 가식과 위선이 자취를 감추게 된다.

이것으로도 진리의 채움은 부족하다.

그러므로 다음의 가르침을 더하라!

첫째, 자신을 꾸밈없이 나타내고

둘째, 본성 그대로의 나를 지키고

셋째, 사사로운 기분을 억누르고

넷째, 나에 대한 욕심을 적게 하고

다섯째. 늘 생각하고 늘 연민하라!

If you regard learning and knowledge as useless, The cunning technique of deception and abuse is gone.

The air in the world is clear of itself.

You can treat things as junk, His greed and obsession are gone.

Man naturally comes to reason.

If you don't make up the system and laws, The thieves and the cons are gone.

Unless it is artificial and formal Deception and hypocrisy disappear.

The above words lack entry into heaven.

Therefore, add the following teachings :

First, you show your true colors.

Second, keep me as I am.

Third, I want you to suppress your personal feelings.

Fourth, have less greed for me,

Fifth, always think and always be compassionate!

제84장

人生騈不長久
인 생 병 불 장 구

인생은 길지 않다.
사람은 살고 죽는 것이 다가 아니다. 인간은 천국을 빼놓고는 인생을 논할 수 없다.
세상은 단순히 먹고 살기 위해 존재하는 것이 아니다.
살아 있는 것이 아니라 생각하는 사람이 돼라.
Life is never long.
Be a thinking person, not a living thing.

"당신은 행복한가?"

"나는 행복하다."

"얼마나 행복한가?"

"매우 행복하다."

"무엇이 행복한가?"

"삶이 안락하기 때문에 행복하다."

"가족과 화목하게 살게 되어 기쁘다."

"먹고 신나게 놀 수 있어 행복하다."

대부분의 사람들은 그렇게 다 말할 것이다.

하여 거듭 묻는다.

"당신의 몸은 곧 늙고 병들어서, 죽어 없어진다. 그래도 행복한가?"

"……"

따라서 그것은 행복의 본질이 아니다.

그것은 인생의 실체가 아니다.

그런 말을 하는 사람은 배워도 잘못 배웠거나 이기적인 자이거나 아니면 도둑 인생을 사는 어리석은 자기 괴변에 지나지 않는다.

푸른 대지는 한여름의 태양 아래서 용광로처럼 끓고 있다.

연약한 자연 생명들은 폭염 속에 굶주림과 갈증으로 소리 없이 죽어 가고 있고 전 세계 빈민가 사람들은 여기저기 힘겹게 몸부림치고 살아가고 있지만 나 혼자 잘 먹고 잘 살면 그만이고 우리 식구 몇 명만 행복하면 그만이다

나머지 가난한 사람들은 굶어 죽든 말든 우리와 아무 상관이 없다.

혹시라도 그린 사악한 기운을 품고 산다면, 지구는 순식간에 재앙의 도가니에 휩싸이게 된다.

원래, 나는 진리를 통해 세상을 구도할 뿐, 미래에 무슨 일이 일어날지 추측하지 않는다.

그러나 나는 처음으로 세상에 예언의 일부를 남긴다.

만일, 인류가 육신의 집착과 욕심 때문에 더 이상 마음의 꽃을 피우지 못한다면 멀지 않은 시대에 지구는 제3차 세계 대전으로 황폐화된다.

그것은 인류의 상상을 뛰어넘는 섬뜩한 핵전쟁이자 마지막 이념 전쟁으로, 이는 선을 지향하는 자유 연합과 악을 추종하는 공산 국가 사이의 최후의 선악 대결을 의미한다.

세계는 이 길을 피할 수 없다. 왜냐하면 악의 본거지인 공산주의는 완전히 사라져야 하기 때문이다.

이것은 지구 행성이 지상 낙원이 되건 지옥이 되건 반드시 수행되어야 하는 단계이며, 그 결과는 선한 자들의 승리로 막을 내린다.

하지만, 지구는 전쟁의 긴 후유승으로 파괴되고, 인간의 생활수준은 고대 원시 시대로 돌아간다.

또한, 문명의 끝과 지식의 전면 붕괴, 방사성 오염, 식량 고갈, 기아, 질병, 전염병, 그리고 기형아 속출 등 극도의 혼란한 환경에서 고통을 겪으며 인

간은 문명과 과학의 재건을 밑바닥부터 다시 시작해야 한다.

그러므로 이 시대는 인간의 타락을 조장하는 텔레비전과 라디오를 파괴해야 한다.

이는 인류의 정신 해방과 시대적 사이클이 일치한다고 경고할 수 있다

즉, 인간의 잠재의식을 회복할 시간이 도래했다는 것이다.

지구인은 이 기회를 놓친다면 어두운 미래에 직면할 것이다.

잠시 평화의 강이 흐르는 것처럼 보이지만 사실, 지구는 역사상 가장 큰 재난과 최악의 시련을 기다리고 있다.

물질의 노예가 되면 될수록, 종교의 노예가 되면 될수록, 당신이 돈의 노예가 될수록, 인간의 꿈은 물거품이 되고 천국으로 가는 길은 영원히 단절될 수 있다.

하늘은 인간의 능동적인 역할을 기대한다.

하늘은 현명한 인간의 변화를 지켜보고 있다.

순수한 각성이 필요한 세상, 순수한 생각이 필요한 세상, 순수한 마음이 필요한 세상, 순수한 선생이 필요한 세상, 순수한 학생이 필요한 세상, 그 엄청난 양의 선한 영 에너지가 지구를 감쌀 때, 사람들은 그 옛날 잃어버린 자아로 돌아간다.

그때, 인간 세상은 처음으로 천국의 실체를 목격할 것이다.

"Are you happy?"

"I am happy."

"How happy are you?"

"I am very happy."

"What makes you happy?"

I am happy because life is comfortable

"I am happy to live in peace with my family."

"I am happy to eat and play."

Most people will say so.

Ask again

"You soon get old and sick, and you are destined to die. Still happy?"

"......."

So, It is not the essence of happiness.

It is not the essence of life.

Anyone who says such a thing may learn wrong or may be selfish.

Or it's nothing more than a foolish change of life.

The green ground is boiling like a furnace under the midsummer sun.

Weak natural lives are dying of hunger and thirst in the heat wave.

People in slums around the world are struggling here and there.

If I eat well and live well alone Only a few members of my family can be happy.

The rest of the poor have nothing to do with us, whether they die or not.

If we live with such evil energy, the Earth is engulfed in an irreversible catastrophe.

Originally, I have formed the world through truth, but I do not speculate on what will happen in the future.

But for the first time, I leave part of the prophecy of the world.

If mankind no longer develops due to physical obsession and material greed, In an era not far away, the earth is devastated by

World War Ⅲ.

It is an eerie nuclear war and final ideological war that mankind has never experienced, which means the ultimate confrontation between good and bad between the Liberal Union and the communist state.

The world is inevitable. Because communism, the home of evil, has to be completely destroyed.

This is a step that must be carried out one day, whether a planet becomes an earthly paradise or a hell, and the result is a victory for the good people.

However, the earth is destroyed by the long aftermath of war, and the daily standard of man returns to the ancient times.

In addition, they suffer physical pain in extreme chaos such as the end of a rich civilization and the complete dismantling of knowledge, radioactive contamination, food depletion, starvation, disease, infectious diseases, and a series of deformed babies.

Man must begin the reconstruction of civilization and science from the bottom up.

Therefore, this era must first destroy television and radio that promote human corruption.

This could warn us that the spiritual release of a very important human being coincides with the period cycle.

In other words, it's time to restore our subconscious.

Humans will face a dark future if they miss this opportunity.

There seems to be a river of peace for a while.

In fact, the Earth is waiting for its worst disaster and worst ordeal in history.

The more you become a slave to material, The more you become a slave to religion, The more you become a slave to money, A man's dreams come to nothing.

The way to heaven is permanently blocked.

Heaven expects the active role of man.

The sky is watching for wise human changes.

A world in need of pure awakening, A world in need of pure thought, A world in need of pure heart, A world in need of a pure teacher, A world in need of pure students, When that great amount of good spiritual energy surrounds the Earth, People return to their old lost selves.

Only then will the world see the reality of heaven for the first time.

제85장

地底天高
지 저 천 고

땅은 낮은 데에 있고, 하늘은 높은 곳에 있다.
하늘은 왜 높은 곳에 있고, 땅은 왜 낮은 데에 있는지 그 이치를 겸허히 깨우
치면, 인간은 누구나 욕심을 버리고 영성을 회복해서 천국에 갈 수 있다.
The earth is low and the sky is high.

세상에서 좋다고 여기는 것은 재앙이 되는 경우가 많다.

다시 말해서 부유하게 보이지만 사실은 거지보다 못하고, 고귀하게 보이
지만 사실은 하찮은 자에 불과하고, 강하게 보이지만 사실은 겁쟁이에 불
과하고, 똑똑하게 보이지만 사실은 멍청이에 불과하고, 행복하게 보이지만
사실은 불행을 자초하는 것에 불과하고, 아름답게 보이지만 사실은 더러
움으로 가득하고, 상냥하게 보이지만 실은 여우처럼 교활하고, 사랑하는
것처럼 보이지만 사실은 증오만 키우고, 훌륭하게 보이지만 사실은 가식과
위선으로 넘치고, 그럴듯하게 보이지만 사실은 엉성하기 그지없고, 멀쩡하
게 보이지만 사실은 곪아 썩어 있다.

보이는 것은 허상이고 살아 있는 것은 죽는다.

그러므로 현자는 영원히 사는 법을 알고 외형보다는 내실 있는 진리의
길을 간다.

What we consider good in the world is more likely to be a disaster.

In other words You look rich, but you're actually worse than a
beggar.

You look noble, but in fact you're a nobody.

You look strong, but you're actually just a coward.

You look smart, but you're actually just an idiot.

You look happy, but you actually have bad luck.

It looks beautiful, but it's full of dirt.

You look kind, but you're actually as cunning as a fox, You look like you're in love, but in fact, you only have more hate, Looks great, but there's a lot of pretense and hypocrisy, It sounds plausible, but it's really sloppy.

He looks fine, but he is rotten to the core.

What the world thinks good is often a disaster.

You look rich, but you're actually worse than a beggar.

You look noble, but in fact you're a nobody.

You look strong, but you're actually just a coward.

You look smart, but you're actually just an idiot.

You look happy, but you actually have bad luck.

It looks beautiful, but it's full of dirt.

You look kind, but you're actually as cunning as a fox, You look like you're in love, but in fact, you only have more hate, Looks great, but there's a lot of pretense and hypocrisy, It sounds plausible, but it's really sloppy.

He looks fine, but he is rotten to the core.

All that is seen is an illusion, all that is alive is dead and gone.

So a wise man knows how to live forever.

Follow a substantial truth rather than outward appearance.

제86장 我言就是天空路, 地人應該淸醒過來
아 언 취 시 천 공 로   지 인 응 해 청 성 과 래

> 내가 말하는 것이 곧 하늘의 이치다. 지구인은 깨어나야 한다.
> 나의 말은 현세, 천국과 직결된 매우 중대한 메시지이므로, 재고 말고 할 것
> 없이 무조건 영적으로 깨달음을 받아야 한다.
> What I say is the reason of heaven. Humans must wake up.

인류는 천지창조를 하느님이 한 것으로 알고 있다.

미리 말하면 그것은 오랜 세월 구전으로 세뇌되고 학습된 거짓말이다.

분명히 밝히지만 천지창조는 존재하는 모든 영들의 공동 작품이다.

또한 태초의 우주 만물 창조 작업에는 비록 지금은 자신이 고대 신이었는지 무엇이었는지 전혀 모른 채 모든 영적 역량을 잃어버린 무지무능 상태지만 딱정벌레 한 마리에서부터 코끼리에 이르기까지 인류도 직접 자연 생명을 창조하는데 참여하였으며 또 기여한 바가 결코 적지 않고 그 여파는 현재도 지구 곳곳에 작용하고 있는 것이 엄연한 사실이다.

글의 주제가 아니라서 이쯤 줄이지만 어쨌든 세상에는 크게 두 가지의 창조 개념이 있다.

첫째는, 하늘의 영적 존재들이 은하게 곳곳에 구현하고 있는 무수한 자연 생태계 및 생명 창조가 그것이고

둘째는, 인간의 생존(의식주) 산업을 비롯한 정치, 경제, 문학, 예술, 스포츠, 문화, 건축 등 각종 단순한 생활 창조가 그것이다.

그러나 그 수준은 하늘과 비교가 안 될 정도로 모든 방면에서 최하 수십만 년 이상 격차가 난다.

가령, 사람은 아무리 큰 가치를 부여해도 단조롭고 또 죽음으로 인한 한

계가 있는 반면, 그들은 모든 것이 단지 상상만으로 공간을 만들고 이미지를 창조하는 초자연적 기적 개념이다.

일례로, 사람, 동물, 식물, 곤충 같은 다양한 피부 생명체를 만들 정도면 그 세계가 얼마나 경이롭고 환상적이겠는가?

뿐만 아니라 모든 것이 영속성을 띄고 있으니 인간이 누리는 물질의 번영은 사실 논할 가치가 없는 것이다.

이에, 인간은 그런 전반적인 삶의 본질을 자각해서 자신의 영을 회복하는데 한시도 게을리해서는 안 되는 것이다.

끝으로, 이 시대의 나의 살아 있는 친필 교훈은 누구의 예언이나 무엇에 의한 것이 아니라 그 모든 것은 진리의 본질을 추구하는 자연 순리임을 알아야 한다.

Earthlings know that creation of the heavens and earth is the work of God Almighty.

But it is all a lie that has been brainwashed and learned for a long time.

Obviously, creation of heaven and earth is a collective work of all the gods of heaven.

And now you're in a state of incompetence for losing all your spiritual powers, Human beings were involved in the creation of the universe and the creation of things.

It is a fact that the effects are still spreading throughout the natural ecosystem.

This is not the subject of this article.

In any case, there are two big types of creation in the world.

The first is the creation of numerous ecosystems and creatures that the spiritual beings of the sky create all over the galaxy.

Second, it is the simple creation of life such as politics, economy, literature, art, sports, culture, and architecture, including industry related to human survival.

However, the level is incomparably different from the sky, and in every way, there is a gap of more than tens of thousands of years.

For example, no matter how much value a person gives, they are monotonous and they are limited by death.

The spirits of the sky are the supernatural miracle concept of creating space and images by imagining everything.

For example, how wonderful and fantastic the world would be to create a variety of skin life forms such as people, animals, plants, and insects?

Furthermore, since everything is permanent, the material prosperity enjoyed by humans is not worth discussing.

Therefore, humanity should not neglect even a moment to recover its spirituality by realizing the whole nature of life.

Lastly, it is important to know that my living teachings of this time did not come from anyone's predictions or anything, but from the natural laws that pursue the essence of true.

害者從禍, 憐者有福

제87장

해 자 종 화　연 자 유 복

> 만물을 해치는 자는 화가 따르고, 만물을 불쌍히 여기는 자는 복이 있다.
> 세상을 탐하고 훔치는 사람은 재앙이 따르고, 세상을 연민하고 베풀고 사는
> 사람은 복을 받는다.
> 세상에 해를 끼치는 사람이 되지 말고, 세상을 이롭게 하는 사람이 돼라.
> Don't be a nuisance to the world, Be a good person to the world.

세상에 물만큼 예쁜 진리도 없다.

물은 만물에게 위대한 혜택을 베풀지만 만물을 속이거나 욕심을 내거나 다투는 일이 없고, 사람들이 싫어하는 가장 낮고 습한 곳에 살고 있다.

그러므로 존재하는 모든 것에 대한 숭고한 표본이 된다.

좋다고 하는 것을 말한다면 이런 것들이 있다.

몸은 땅을 배워서 사치하지 않는 것이 좋고, 마음은 깊고 잔잔한 연못처럼 흐르는 것이 좋고, 사람 간의 만남은 진실한 사람을 만나야 탈이 안 생겨 좋고, 말과 글은 가식과 꾸밈이 없는 것이 좋고, 정치나 법률은 사리사욕이 없는 것이 좋고, 일을 처리하는 것은 유능한 것이 좋고, 헐벗고 굶주린 생명을 대할 때는 따뜻이 거두어 주는 것이 좋고, 뜻을 세우고 일을 시작할 때는 좋은 시기를 참고 기다리는 것이 지혜롭다.

물은 이 모든 좋은 것들을 가지고 있다.

즉 몸이 어느 정도 땅 위에 안정되면 내 한 몸 안락에 그치지 아니하고 깊은 마음으로 세상에 사랑과 자비를 베풀고 있다고 할 수 있다.

그런데 물의 더 큰 위대함은 자연에 순응하며 싸우지 않고 만물을 연민한다.

그것이야말로 업을 피해 가는 최상의 길이 된다.

천지간에 큰 도를 행하는 성인의 마음은 그런 착한 물과 같은 것이다.

There is no truth so pretty as water.

Water gives great benefits to all things.

There is no deception, greed, or struggle.

Live in the lowest and most humid places people dislike Therefore sets a noble example of everything that exists.

These are, for example, things that are good for life.

The body must learn the lessons of land and live within its means without luxury.

The mindset is to learn the deep pond.

In the event of a relationship, There is no harm in meeting true people.

Words and writings should be free from pretense and decoration.

Politics and law are better off without self-interest.

When you're dealing with a job, you need to be competent.

It's good to take care of the naked, hungry life of nature.

It is wise for you to make up your mind and wait for a good day when you start work.

Water has all these good things.

Therefore, if the body has some stability, Not just my body With a deeper heart Giving love and mercy to the world.

But the greater greatness of water In conformity with nature Without a fight Sympathize with all things That's the best way to avoid the karma of reincarnation.

The mind of a saint who practices great righteousness between heaven and earth is like such a good water.

人與神如, 神與人如
인 여 신 여　　 신 여 인 여

사람은 신과 같고, 신은 사람과 같다.

신과 인간은 근본적으로 같은 개념이다.

단지 존재적 의미는 정신적 수준에서 극과 극으로 판가름 난다.

그 외 신 특유의 생물학적 죽음이 없거나 초자연적 기적을 행하는 것 등은
부수적이다.

요는, 사람도 생각과 마음을 깨우쳐서 영적 내공이 쌓이면 신과 같은 경지가
된다.

Man is God, God is man.

God and man are basically the same concept.

　자연에 비유하면, 인간은 거대한 독 안에 갇힌 생쥐와 같다.

　누가 뚜껑을 열고 꺼내주거나 독을 깨뜨리지 않고서는 독 속에서 빠져
나올 수 없는 그런 사면초가의 이치가 된다.

　그러므로 나는 그 독을 깨뜨릴 수 있는 비법을 알고 있기에 이렇듯 고행
이 따름에도 불구하고 세상을 구하고자 하는 것이지만 너희가 나의 가르
침을 액면 그대로 배워서 실천하지 않는다면 너희는 영원히 그 안에서 엎
치락뒤치락하며 살아갈 수밖에 없다.

　하여 너희가 알고 있는 진실은 거짓과 왜곡으로 일관된 순 엉터리임을
먼저 깨우쳐야 한다.

　그것이 모두 정리되면 나머지는 순풍에 흐를 것이다.

　비록 지금은 너희가 독 안에 갇히기는 했지만 그 또한 얼마든지 박살 낼
수 있다.

　너희는 각 방면에서 다양한 재능과 기술을 구현할 수 있는 불멸의 영적

존재이기 때문이다.

다만 너무 오랫동안 본성을 잃어버렸기에 그 부분을 심히 깨우치고 있을 뿐이다.

아울러, 이 시대는 그 전례가 없는 큰 행운이 깃들었다고 해도 과언이 아니다.

그 이유로는

첫째, 현시대는 옛날에 비해 큰 전쟁이 수그러져서 다소 평화로운 시기이고

둘째, 현시대는 옛날에 비해 문맹자가 많지 않고

셋째, 가장 큰 축복과 행운은 인생의 비밀과 세상이 흘러온 수영겁의 신비를 풀어줄 나를 만난 것이다.

안 그래도 19세기경, 서양의 한 유명 예언자가 후세 나의 출현을 빗대어 "동양에 대 현자가 나타나 세상에 큰 가르침을 행할 것"이라고 예언한 바가 있었으니 당연히 그가 곧 나라는 것을 본능에 꿰고 있다.

이는 세상의 기류를 감지할 수 있는 진리의 체현자에게 있는 영적 특성이니 그런 줄 알면 된다.

아무튼 천국에 오르고 말고는 사람 개개인의 의지와 역량에 있다.

사실 너희는 지금 모든 일상생활을 중단하고 나의 도(道)를 경청해야 하고 너희가 진정으로 나의 가르침을 지혜롭게 순수하게 관철시킨다면 시간은 다소 걸리겠지만 세상을 억누르는 고통과 근심의 독은 산산조각 나서 전 세계 인류는 인간의 정수인 영적 자각, 주체성, 역량, 기억 그리고 고대 잃어버린 우주의 영광과 전설과 신화를 모두 회복할 것이다.

If you compare it to nature, Man is like a mouse trapped in a huge pot.

Unless someone opens the lid or breaks the jar, There is no way out of it.

Therefore, I know the secret recipe to break the pot.

Despite all this asceticism, I'm trying to save the world.

If you don't learn and practice my teachings at face value, You will have to turn back and forth in it forever.

First, you need to realize that the truth you know is just a simple thing that is consistent with falsehood and distortion.

Once it is settled, the rest will be under favorable wind.

Now, even though you're trapped in a jar, you can break it, too.

Because you are an immortal spiritual being able to realize a variety of talents and skills in every way.

But since you have lost your true nature for too long, I have only made a deep impression on you.

In addition, it is not too much to say that this era has had unprecedented fortunes.

For that reason First, the present time is somewhat peaceful because the big war has been lowered.

Second, there are not as many illiterate people as there used to be because of the high education rate of mankind.

Third, the greatest blessing and good fortune is that this time meets me who will unlock life's secrets and world's mysteries.

Even so, in the 19th century, a western prophet predicted, "A wise man will appear in the East and teach the world a great lesson", referring to my appearance to posterity.

I also, of course, have an instinct for sure he is me.

This is a characteristic of a spiritual systemator who can feel the currents of the world, so don't distort it. Anyway, going to heaven or not depends on the will and ability of each person.

Realistically you must now stop all daily life and listen to my Tao.

If you accept my teachings purely and wisely and practice them, It may take time, The pot of pain and anxiety that holds the world apart The human race.

The essence of man is spiritual awareness, identity, competence, memory, and All the glory, legend and mythology of the ancient lost universe will be restored.

제89장 人生如草芥, 天堂是雪亮
인 생 여 초 개   천 당 시 설 량

인생은 하찮고, 천국은 눈부시다.
인생은 아무리 잘 먹고 잘 살아도 죽음으로 다 멸망하지만, 천국은 모든 것
이 눈부시고 영원하다.
Life is trivial, and heaven is dazzling.

　사람들은 잠시 먹고 즐기는 현실의 물질생활에 속아서 아름다운 세상이
니 아름다운 인생이니 운운하지만, 지구는 엄연히 고통과 재앙이 들끓는
행성 지옥이고 인간은 우주에서 추방당한 비참한 처지에 놓여 있다.

　따라서 말이 좋아 천국이고 구원이지, 사실 구하고 버릴 것도 없다.

　사람들은 스스로 성찰하지 않으면 길이 없다.

　나는 단지 세상 너희를 안쓰럽게 생각하여 선업의 삶을 살 수 있도록 약
간의 정신적인 도움을 줄 뿐이다.

　물에 빠진 사람이 지푸라기라도 잡는 절박한 심정으로 매달린다면 그
자는 분명 사후 좋은 세계로 이동할 것이다.

　본디 하늘은 사랑하고 미워하는 마음이 없어서 만물을 짚으로 만든 강
아지와 같이 여기지만, 그렇다고 선한 사람을 내친다거나 악한 자를 돕는
따위의 정신 나간 짓은 하지 않는다.

　그저 누가 뭐라 하던 자신의 영을 믿고 떳떳이 한 길을 가면 된다.

People were fooled into the physical life of the moment that they
ate and enjoyed.

They live under the illusion that it is a beautiful world and a beautiful life.

The earth is a hell of a constant stream of pain and misery.

Humans are in a miserable plight, banished from outer space.

And in a good word, it's heaven and salvation, but there's nothing to save and throw away.

Humans can not do anything unless they reflect on themselves.

I just feel sorry for you in the world.

Just a little spiritual help to live with good karma.

A drowning man will cling to a straw.

Such a man will surely move to a good world after his death.

Originally heaven does not have a heart of love or hate, so we consider everything in the world like a dog made of straw.

But you don't want to punish good people, I wouldn't do anything so crazy as to reward the wicked.

Whatever anyone says, you just have to believe in your spirit and go your way.

제90장

無知者死, 知者易生
무 지 자 사 지 자 이 생

모르는 자는 죽고, 아는 자는 쉽게 산다. 모르는 자는 멸망의 길만 자초한다. 그러나 길을 아는 자는 쉽게 천국의 길을 찾아간다.
살다 보면 길을 잘못 들 수 있다. 그러나 길이 아닌 것을 알면 즉시 발을 빼서 바른길로 가야 화를 면한다.
When you take the wrong road,
you pull back and take the right path.

사람들은 맹목적으로 종교를 믿고 신에 의존한다.

그러나 그것은 세상의 근간을 모르는 것이며 천국의 길이 아니며 육신을 가진 자가 느끼는 죽음에 대한 막연한 공포심 때문이다.

그러므로 인간은 영적 자아를 깨닫지 못하면 개인 또는 집단정신 착란 현상은 지속될 것이다.

본디 도는 눈으로 볼 수가 없기 때문에 빛이 없다고 한다.

귀에 들리는 것이 없기 때문에 소리가 없다고 한다.

손으로 만질 수 없기 때문에 형체가 없다고 한다.

이 세 가지 말로는 아직 실체를 규정할 수 없다.

도는 이 세 개의 특성이 어우러진 신비의 존재인 것이다.

어떤 각도에서 봐도 모양이 없고, 어떤 위치에서 봐도 모습이 없다.

휑하여 이름 지을 수 없고, 물질세계를 벗어난 고차원으로 되돌아가 있다.

이것을 형체 없는 형체, 물질과 차원을 초월한 무형의 형상이라 한다.

너무나 영험해서 뭐라 말할 수 없는 그런 것이다.

태고 때부터 진리를 꼭 잡고, 지금도 만물의 이미지를 창조하고 각 개체의 생성과 소멸을 주재하고 있다.

식물, 동물, 사람, 땅, 하늘, 우주, 신을 포함 삼라만상을 통틀어 공간 안에 존재하는 모든 것의 역사와 시간을 알 수 있는 것, 그것을 도의 본질이라 한다.

People blindly believe in religion and rely on God.

But it doesn't know the basis of the world.

It's not the way of heaven.

Because of the vague fear of death that a person with a body feels.

So a human being, if he doesn't realize his spiritual self, Personal or collective insanity will continue.

Originally, Do was They say there is no light because they can not see with their eyes.

They say there is no sound because there is nothing I can hear.

They can't touch it, so they can't take a shape.

These three words still fail to define the substance.

Do is a mystery combined with these three characteristics.

No shape from any angle.

Be nowhere to be seen Can't be named.

Be back in a higher position than the physical world This is what we call a formless form.

It is said to be an intangible figure that transcends matter and dimension.

It is something too sacred to say.

In the grip of truth from ancient times.

Even now, it creates an image of everything, and controls creation and extinction.

Plants, animals, people, land, sky.The universe, including God Throughout the world.

Knowing the history and time of everything that exists in space It is called the essence of Do.

身心互不相容

제91장

신 심 호 부 상 용

몸과 마음은 상극이다. 본질적으로 몸과 마음은 하나의 개체가 아니다.
인간의 몸과 정신은 서로 양립할 수 없다.
The human body and spirit are incompatible with each other.

사람의 몸은 인간의 길을 어긋나게 하고, 사람의 몸은 인간의 꿈을 저버리게 하고, 사람의 몸은 인간의 영을 도둑맞게 한다.

말을 타고 활을 쏴서 산짐승을 사냥하게 되면 사람의 마음은 흥분해서 미치게 되고, 탐하기 쉬운 돈과 육체의 쾌락은 사람의 질을 나쁘게 만든다.

그런 까닭에 세상의 진리를 통달한 사람은 단지 배를 채울 뿐 사치와 겉치레를 즐기지 않는다.

이것을 가리켜, 육신이 원래의 정신 에너지로 변환해서 용이 되어 하늘로 오른다고 한다.

The human body violates the path of man.

The human body makes you abandon your dreams, The human body steals human spirituality.

You take a horse, shoot an arrow, hunt an animal, Your mind is going crazy with excitement.

Avarice money and pleasure make a bad person's quality.

That's why a man who knows the truth will only fill his empty stomach.

Have no luxury or pretense So the body converts it into original mental energy.

He is said to climb up into the sky as a dragon.

慎言誣言
신 언 무 언

제92장

거짓 선지자의 말을 조심하라. 양의 탈을 쓴 가짜 예언자의 말을 조심하라.
Beware what a false prophet says.

인간은 옛날부터 현재까지 생물학적 몸 생활에 완전히 익숙해져 있다.

또한 아직도 밝히지 않은 진실들이 많지만 천지창조가 왜 계획됐는지 그 내막을 알려고 하는 자는 지구상에 아무도 없다.

그런 연유에서 인간은 출생과 죽음이란 이름으로 막연히 생로병사를 따르고 있고 아울러 그것에 연연하여 살다 보니 요람에서 무덤까지 불필요한 업보에 시달리게 된다.

이에, 인류는 생각과 마음을 획기적으로 변화시키지 않으면 미래는 한없이 어둡다.

언제까지 세상을 속고만 살 것인가.

행여 누가 나타나서 자신을 하늘나라에 보낼 줄 거라 믿는다면 그 자는 바보 멍청이다.

천국의 길은 오직 자신의 내면에서 찾아야 한다.

자, 이해를 돕기 위해 간단한 문제 하나 낼 테니 정답을 찾아보라.

(문제) 다음 네 가지 보기 중 세 가지 관점과 다른 하나는 무엇인가?

① 구름 ② 달 ③ 바람 ④ 성서

여기 힌트가 있다.

원래 책이나 글 같은 것은 인위적인 의도가 개입되지 않으면 제작이 불가능하므로, 그 탄생의 동기가 극히 불순하다.

그러므로 대대로 인질로 잡혀 있는 것이나 마찬가지인 지구에서 사람 스스로 환생의 빗장을 풀고 우주 별세계로 탈출하기 위해서는 인류는 반드시 이 문제부터 해결해서 새로운 주체 의식과 존재 의식을 가져야 한다.

이는 진리 자체이며, 만약 이 사실을 부정한다면 인간은 계속 허황된 구세주 밑에서 영원히 고통을 당해야 한다.

이 정도 조언을 해줘도 아무 느낌이 없다면 그 자는 구제 불능이다.

Humans have been completely used to biological body life since ancient times until now.

And there are still a lot of things that haven't been told, Few are looking into the lowdown on why the creation of heaven and earth was planned.

And that's why humans are forever following birth and death.

You will also suffer from karma from the cradle to the grave.

Thus, unless you change your mind drastically, the future is dark endlessly.

How long will you live in deception?

If you believe someone to come and send you to heaven, he is a fool.

The only way to heaven is to find yourself inside yourself.

Now, I'm going to ask you a simple question, so find the answer.

(Issue) Which of the following four views is different from the three views?

① cloud ② moon ③ wind ④ Bible

Here's a hint.

Originally, books and writings can not be produced without artificial intent

So to escape from an isolated planet that's been held hostage for generations, Human beings must first solve this problem and have a new sense of identity.

This is the truth in itself, and if you deny it, Humans must continue to suffer under a fictional savior for good.

If this kind of advice doesn't make you feel anything, he's beyond redemption.

知識不是悟諭

제93장

지 식 불 시 오 유

아는 체하지만 깨닫지 못한다.
아는 것이 다 아는 것이 아니다, 지식은 깨달음이 아니다.
인간의 영적 각성은 두뇌 논리로 구해지는 것이 아니란 뜻.
Knowledge is not an realization.

옷을 입는 데에도 순서가 있고 절차가 따른다.

속옷을 먼저 입고 겉옷을 입는 것이 일반적이다.

겉옷과 속옷을 거꾸로 입고 다닌다면 손가락질을 받을 것이다.

삶의 본질인 영적 자각도 마찬가지이다.

자신의 정체성을 알기 위해서는 영성을 퇴화시키는 탐욕과 이기심을 버리고 매사에 정직하게 살아야 한다.

그것이 실행되지 않고서는 절대 순수한 깨달음을 얻을 수 없다.

스스로 자신의 양심을 속이고 사는 자가 어쩌고저쩌고 아무리 고상한 말을 한들 그것은 모두 자기 망상이고 짝사랑이다.

There are steps and procedures for dressing.

It is common to wear underwear first and a jacket later.

If you wear your jacket and underwear upside down, you will be teased.

The same goes for spiritual awakening, the essence of life.

First of all, to find out your identity, We must get rid of greed and selfishness and pursue an honest life in every way.

깨달음의 세계   231

A pure realization can never be achieved without its implementation.

He who cheats on himself No matter how elegant you may say it, It's all just a self-delusion and unrequited love.

제94장

人是心
인 시 심

사람은 마음이다.
사람은 자신을 수양해서 순수한 마음을 갖는 것이 가장 중요하다.
그 외에는 전부 개 풀 뜯는 소리에 불과하다.
Man is mind.
The most important thing in life is training your mind.
Everything else is just an open mouth.

도는 순수하다

따라서 자아를 깨달음으로써 근원에 이른다.

근원에 이르니 무엇도 되지 않고 항상 만물의 근원으로 남는다.

그러나 삶이 가식적이고 단지 형체와 모양에 사는 자는 무엇이든 인위적인 것으로 자신을 나타내려고 하기 때문에 알아도 알지 못한다

그 또한 안다는 것에 집착하는 것일 뿐 본래 아는 자는 아는 바가 없음으로 자유자재하다.

Tao is pure.

therefore By self-realization Reach its source.

At its source In vain Always remain a source But

His life is full of pretense He just lives in form and shape, By art He's trying to express himself.

Know but not know He's obsessed with knowing.

He who knows originally is free because he knows nothing.

제95장

視如敝屣
시 여 폐 사

헌신짝처럼 여기다.

돈이나 물건 같은 물질은 헌신짝처럼 하찮게 여기고, 세상은 자기 집처럼 여
겨서 큰 생각, 큰마음을 갖고 살면 욕심내고 싸울 일이 없다.

즉 욕심내고 싸우는 것은 옹졸한 소인이나 하는 것이다. 큰 사람은 욕심 때
문에 다투지 않는다. 스케일이 작은 사람은 영적 개화가 어렵다는 뜻.

A big man does not quarrel because of his greed.

더우면 시원한 것을 찾고 추우면 따뜻한 것을 찾는 것은, 세상은 상대적
이기 때문이다

그러므로 내가 있으므로 네가 존재하고, 네가 있으므로 내가 존재함을
안다면 나는 네가 되고, 너는 내가 되어 열 사람도 한 사람이 사는 것과 같
아서 서로 욕심내고 싸우는 일이 드물 것이다.

People look for something cool when it is hot and something warm
when it is cold.

The reason is that the world is relative.

Therefore Because I exist, you exist.

If you know I exist because you exist, I will be you

You will be me.

It's like ten people living as one.

It will be rare to be greedy and fight with each other.

제96장 人生在于自我的心
인 생 재 우 자 아 적 심

인생은 자기 마음속에 있다.
인생의 답을 엉뚱하고 먼 데서 찾지 않는다. 진리는 너의 마음속에 있다.
삶과 죽음, 천국과 지옥은 종교, 신앙, 믿음 같은 것에 있는 것이 아니라
사람의 마음속에 있기 때문에 모든 것은 스스로 깨우치고 행하기 나름에 달
러 있다.
Don't look far away. The truth is in your mind.

인생은 생각에 의해 결정되고 생각은 마음에 의해 결정된다.

그러므로 아무리 힘들고 가난해도 선한 마음을 가꾸고 지키는 사람은
일생이 끝나도 계속 영원한 삶을 이어 가지만 스스로 마음을 더럽힌 자는
아무리 고귀한 신분일지라도 하루에 죽어서 그것으로 다 멸망하고 만다.

Life is determined by thought.

Thoughts are determined by the mind.

Therefore No matter how hard or poor he is, he who keeps and
cares for good will last forever.

He who blurs the heart, however noble, will perish in a day.

人不離身昇天去
인 불 이 신 승 천 거

제97장

사람은 몸을 떠나야 천국에 간다.
사람은 몸 없이 사는 법을 배워야 한다.
물질적인 것을 초월해서 정신적인 경지에 올라서야 한다는 뜻.
Man can go to heaven only when he learns to live without body.

세상에서 가장 위험하고 저주받은 것이 인간의 욕심이다.

욕심은 인생의 모든 죄악의 뿌리가 되고 몸이 몸을 이어가는 윤회의 원죄가 된다.

그럼 욕심은 무엇인가?

짧게 요약하면 자신의 욕망을 채우기 위해 타인에게 고통을 주는 행위, 거짓으로 속여서 이로움을 구하는 행위, 어렵고 불쌍한 사람을 외면하는 행위, 약자를 괴롭히고 자연 생명을 해치는 행위, 분수를 안 지키고 탐하거나 누리려고 하는 행위, 사리사욕 때문에 나쁜 생각을 하는 이기적인 행위 등 자신의 존재를 부정하고 타락시키는 비도덕적, 비윤리적, 비인간적, 탈선, 위선, 가식 행위가 욕심에 다 해당한다.

그러므로 사람은 육신의 일은 하지 않아야 한다.

한다 하더라도 순수한 마음을 깨우쳐서 절제, 청빈, 미덕의 삶을 바탕으로 가장 이상적인 정신의 길을 가야 한다.

Man's greed is what is most dangerous and cursed in the world.

Greed is the root of all evil in life.

It causes reincarnation, where the body continues to be.

So what is greed?

To sum up.

An act of suffering to satisfy one's desires.

An act of false deception.

An act of ignoring the poor and needy.

An act of bullying the weak and damaging the natural life.

An act of loveliness or enjoyment.

Selfish thinking.

To deny and corrupt oneself.

Greed includes immoral, unethical, inhuman, derailing, hypocrisy, and pretense.

Therefore Man should not do the physical work.

Awake to a pure heart.

Based on the life of moderation, honest poverty, and virtue, You must go on the ideal path of mind.

제98장

關於生的
관 어 생 적

삶에 대하여.
In life.

험한 세상을 살아갈 때는 혼자만 욕심내지 마라.

네가 너무 배부르면 다른 이가 굶어 죽게 돼서 그 업은 네가 다 짊어지게 된다.

인생길을 걸어갈 때는 모난 돌은 한쪽으로 치워 놓고 가라.

안 그러면 집[4]에 올 때 네가 걸려 넘어져 다치게 된다.

When you live in a harsh world, Don't be greedy alone.

If you're too rich, Other poor people will live in pain.

As it devastates coexistence.

You will carry all the karma on you.

When you walk along the path of life, You have to set aside the rough stones.

Or else On one's way home You'll trip over and hurt yourself.

---

4) 집(家): 천국(天國:The Heaven)

제99장

俗人的會美化人生, 賢者的會否定人生
속 인 적 회 미 화 인 생   현 자 적 회 부 인 인 생

속된 자는 인생을 미화하지만 현인은 인생을 인정하지 않는다.
어리석은 속인은 욕심만 많고 몸에 빠져 살기 때문에 입맛대로 삶을 미화시
키고, 세상 이치에 밝은 현인은 영적 자아(自我)를 되찾았기 때문에 물질의
삶을 부정한다는 말.
A fool glorifies life, but a wise man does not approve of it.

　인간은 현재도 부모, 형제, 연인, 친구 등 가공의 인연으로 살고 있고, 앞
으로 미래에도 계속 그렇게 기약 없는 생로병사를 되풀이해야 하는 서글
픈 처지에 놓여 있다.

　즉 인간은 성숙한 남녀 간의 성교를 바탕으로 생물학적 한 가족사가 형
성되고, 결혼, 출산, 조상, 부모, 자식 등 혈육을 전통문화로 인정하며 각자
일생을 보내게 되는데 안타까운 점은 그것을 마치 자연 숙명으로 받아들
이고 있다는 무지의 현실이다.

　그러나 결론부터 말하면 육신은 인종 유지 혹은 출생 순환 목적 외에는
아무런 의미가 없다.

　몸은 그저 탐욕스럽고 음탕한 영들을 유혹해서 탐닉과 쾌락의 미끼로
활용하기 위한 악의적인 수단이며 그런 그들을 영원히 윤회의 올가미에 잡
아두기 위해 고대 천국에서 처음 개발된 무자비한 물리적 고문 장치에 불
과하다.

　또한 이는 성서의 진실과는 전혀 거리가 먼 근본적으로 인간의 영혼을
완전히 지우기 위해 교활하게 생체 구현한 도저히 있어서는 안 될 일이 잔
인하게 적용된 것이 인체 비밀에 대한 실체이다.

그럼에도 불구하고 사람들은 사태의 중요성을 인식하지 못하고 자신의 몸만 밤낮 애지중지 돌보면서 무감각하게 살아간다.

인간은 자신의 업보가 윤회와 직접 연결된다는 사실을 알지 못하기 때문이다.

정황이 이런데, 어떻게 우리의 삶이 아름답고 행복하다고 할 수가 있는가?

고로, 속지 마라. 인생은 사기다.

We are still living by false pretenses such as parents, brothers, lovers, and friends.

We are in a situation where we have to repeat life and death without any promise even in future times.

Namely humans form a biological family history based on the sex between a mature man and a woman.

Marriage, pregnancy, childbirth, ancestors, parents, children, etc. are recognized as traditional cultures and spend each life.

The sad part is the reality of ignorance that we regard it as a natural destiny.

But let's start with the conclusion.

The body has no meaning except for the purpose of racial maintenance or birth cycle.

The body just seduces licentious, greedy evil spirits

A malicious means of using it as a bait for indulgence and enjoyment.

To keep them in the trap of reincarnation It's just a cunning physical torture device that was first developed in ancient heaven.

And it's a very far from the Bible.

It's essentially a cunning bio-implementation device to completely erase the human soul.

The fact that what should not have been applied brutally is the substance of human confidentiality.

And yet people don't realize the importance of the situation.

He only takes care of himself day and night and lives numb.

Because humans do not know that it is directly connected to the karma of reincarnation.

Here's the situation. how can we call our lives beautiful and happy?

So, don't be fooled. Life is a fraud.

屁滾尿流

비 곤 뇨 류

제100장

방귀를 뀌고 오줌을 쌀 정도로 몹시 놀라다.

모두가 쩔쩔 맬 만큼 세상에 큰 영향을 끼치는 독보적인 사람을 비유하는 말로, 다 버리면 모든 것이 이루어진다는 뜻.

즉 무엇이 되거나, 무엇을 하거나, 무엇을 가진 자는 그것밖에 안 되기 때문에 영적 발전이 안 된다.

생각과 마음이 순수해서 욕심이 없으면 모든 것이 자연스럽게 채워져서 천지를 통틀어 모든 면에서 최대, 최고, 최상, 최다, 최강의 영성을 실현할 수 있다.

Everything comes true if you throw it all away.

Be frightened as a like fart and urine.

A metaphor for a unique person who has a profound influence on the world,

becomes something or has something, or does something is, make no progress.

That is, If you're pure thonk and no greedy, everything fills up naturally. you can realize the best spirit in every way across the sky and the earth.

도(道)는, 우주의 근원이며, 생명의 원천이며, 진리의 어머니이며, 만 가지 길의 제왕이며, 천지자연을 설계한 우주의 신들을 거느리는 은하계 최고 우두머리이면서도 만물의 생각과 마음을 다스리는 세상 가장 낮은 곳에 숨어 있는 마법의 은둔자다.

따라서 도는 물 같아서 적시지 않는 날이 없다.

도는 바람 같아서 닿지 않는 곳이 없다.

도는 햇살 같아서 비추지 않는 데가 없다.

도는 그릇 같아서 쓰이지 않는 때가 없다.

그러므로 나의 도 또한 만인의 밥 같아서 고프지 않은 자가 없을 것이다.

Tao is the origin of the universe, the source of all life, the mother of truth, the king of 10,000 ways, the master of all gods who designed heaven, earth, and nature, and he's the leader of the galaxy with the cosmic gods who designed the universe, A magical recluse hiding in the lowest part of the world that controls the thoughts and minds of all things.

so Tao is like water, so there is no day without wet.

Tao is like a wind, so there is no place that doesn't touch him.

Tao is like a sun so there is no place that doesn't shine.

Tao is like a bowl, so he is always used.

Therefore, my tao too is like everybody's rice, so everyone is starving if not eaten.

眞理是比人生更長, 眞理是比人生更美

제101장

진 리 시 비 인 생 갱 장 진 리 시 비 인 생 갱 미

진리는 인생보다 길고, 인생보다 아름답다.
영원한 천국의 길 진리는 인생살이에 비할 바가 아니다.
"그 몸 또한 한낱 공간의 먼지에 불과함을 알게 될 것이다."
삶의 심오한 진리를 터득하게 된다는 뜻.
Truth is longer than life, and more beautiful than life.

가난한 자를 너무 멸시하지 말라.

그들은 그들만의 진로가 있나니 부유한 자를 너무 미워하지 말라.

그들은 그들만의 애환이 있나니 그러므로 가난해도 자연에 살고 부유해
도 순수한 선행에 살면 그 몸 또한 한낱 공간의 먼지에 불과함을 알게 될
것이다.

Don't despise the poor too much.

They have their own careers.

Don't hate the rich too much.

They have their own troubles.

Therefore Poor but lives in nature, Rich but if he lives pure giving,
You will notice that the body is also just a dust of space.

제102장 大事大者成
대 사 대 자 성

큰일은 큰 사람이 이룬다.
인간이 천국에 가는 일보다 더 큰일은 지구상에 존재하지 않는다.
마음의 길을 깨우쳐서 그것을 순수하게 행하는 자는 자연적으로 위대한 신이 된다.
안일한 생각으로는 진리를 구할 수 없다.
Great men make great things.
He who learns the truth of everything and does it in a pure way becomes a great God naturally.

먹고 사는 일이 삶의 전부인 소인에게 태산을 안긴들 어찌 감당할 수 있을 것인가. 즉 아무리 귀한 천국의 길을 가르쳐 주어도 스스로 소화시킬 역량이 안 되면 소용없는 것이다.

사람은 고도의 정신 각성을 위해서는 여러 가지 터득해야 할 것이 많지만, 먼저 생각이 불굴하여 방대하게 열려 있어야 하고 세상을 담을 만한 큰 그릇의 마음을 지니고 있어야 다양한 도의 세계를 경험함으로써 영적 절정에 오를 수 있다.

그렇지 않고 입에 맞는 것만 편식하기 때문에 중간에 삼천포로 빠지는 멋쩍은 경우가 생기게 된다.

How can we afford to give a huge mountain to a man like a merchant?

No matter how precious the way of heaven is, it is no use if you can' t digest it.

Man has a lot to learn in order to be highly alert.

First of all, you have to be open-minded.

With the generosity of a large vessel to contain the world, You can climb the spiritual climax by exploring various Tao.

On the contrary, he eats only what he likes.

There are cases in which a person can not continue on the path of truth and falls into the wrong path.

제103장

繡在田野稻草人
수 재 전 야 도 초 인

들판을 수놓은 허수아비.
헛된 인생을 사는 사람들이 세상에 너무 많다. 스스로 가치 있는 존재가 되라!
The scarecrow's Life embroidered in the Field(Be worthy!).

인간 세상의 너희는 공장에서 대량으로 만들어낸 제품과 같다.

인간의 육신은 단지 이렇게 저렇게 생긴 것에 불과하다.

그런데 그 빈껍데기 몸으로 사람의 가치를 매기고 삶의 의미를 부여하는 것은 참으로 어리석은 현실로, 그런 자는 생각은 죽고 오직 몸만 움직이고 있음을 알아야 한다.

The Human World You are like a factory product.

The human body is just a mass of matter.

But with that body, it is a very foolish reality to value and give meaning to life.

Such a man should know that his thoughts are dead and that only his body is moving.

제104장

道是上帝的上帝
도 시 상 제 적 상 제

도(道)는 하느님의 하느님이다.
도는 우주, 신, 하늘, 천국, 하늘, 땅 등 모든 이름 지어진 것 위에 존재한다.
Tao is the God of God.

도는 비어 있으나 아무리 사용해도 줄지 않고 항상 영원히 가득 차 있다.

벽을 초월하고, 복잡한 것을 풀고, 빛과 어둠을 조절하고, 무엇에도 매이지 않는 것을 보면 어디서 처음 생겨난 누구의 자식인지 알 수 없지만 맑고 고요한 기운과 선한 영혼의 깊이가 조물주 자체인 것 같다.

이로써 만물의 근원이 확실하니 세상을 창조하고 천국의 신들을 거느리는 하느님의 하느님인 것 같다.

Tao is It's empty, but it won't shrink, and it's always filled forever.

Across all walls.

It can solve all of the complexity.

Control the light and darkness.

He has an endless and free spirit.

I don't know where he was born.

Clear and still energy, and the depth of a good soul, seems to be itself.

So that the origin of all things is certain Creating the universe and leading to heavenly spirits.

Seem to be God's God.

제105장 人生是人的觀, 存在是神的念
인 생 시 인 적 관   존 재 시 신 적 념

> 삶과 죽음은 인간의 관점이고, 존재는 신의 관점이다.
> 삶과 존재의 차이 즉 자신의 정체성을 아는 자는 인간적인 흥망에 의미를 두지 않는다.
> Life is man's point of view, and existence is divine providence.

각 사회 분야의 지식인들을 존중하지 않으면 사람들이 서로 다투고 경쟁하는 일이 없게 되고, 얻기 힘든 돈과 재물을 귀하게 여기지 않으면 거짓말하고 도둑질하고 사기 치는 사람이 없게 되고, 무엇이든 이루겠다는 야욕을 갖지 않으면 생각은 흐트러지거나 어지러워지지 않는다.

그러므로 나의 가르침은 세상에 욕심을 줄이게 해서 사람들로 하여금 물질적인 삶보다 자연의 순수 기질을 기르게 하고 마음의 길을 밝게 하여 가장 중요한 영적 성장을 돕는다.

또한, 일도 지식도 경쟁도 필요 없게 하며 나쁜 사람이 잔꾀를 부려서 선한 사람을 악용하거나 함부로 세상을 장난치지 못하게 한다.

도로써 다스려지지 않는 것이 없다.

If we don't respect the intellectuals in each sector,

People aren't learning and arguing.

If you don't value the hard money and property, No one's lying, stealing, and cheating.

If you don't dream of achieving anything, My thoughts don't get distracted or dizzy.

So my teaching is to make the world less greedy.

Make people develop nature's pure disposition rather than material life Light the way of the mind and help the most important spiritual growth.

We also create a world where there is no work, no knowledge, no competition.

Bad people are not allowed to abuse good people or make fun of the world.

There is nothing that can not be controlled by virtue(Tao).

제106장

因爲有我, 爾也存在, 因爲有爾, 我也存在
인위유아 이야존재   인위유이 아야존재

당신은 나 때문에 존재하고, 나도 당신 때문에 존재한다.
존재가 존재를 끝없이 이해하고 배려하고 생각한다.
그러기 위해서는 사람 개개인의 보다 수준 높은 삶의 성찰과 영적 자각이 실
천되어야 한다는 인류 교훈.
You exist because I am, and so do I because you are.

세속적인 사람이 아름답다 말하니 그런 줄 알지만 이는 추한 것이고, 선
하다고 하니 그런 줄 알지만 이는 악한 것이고, 진실이라고 하니 그런 줄
알지만 이는 거짓된 것이다.

그러므로 그들은 세상의 보이지 않는 상대성 이치를 깨닫지 못하는 것
이다.

보이지 않는 것이 보이는 것을 창조하고, 비어 있는 것이 모든 물리적 입
자를 수용한다.

강한 것과 약한 것이 서로 뒤섞이고, 검은 것과 흰 것이 서로 대비되고,
빠른 것과 느린 것이 서로 견주고, 긴 것과 짧은 것이 서로 당기고, 높은 것
과 낮은 것이 서로 기울고, 앞선 것과 뒤에 선 것이 서로 따르고, 선한 것과
악한 것이 서로 통절한다.

이리하여 만상의 길을 통달한 현자는 자연 근원에 임하여 무언의 가르
침을 행한다.

만물의 흥망 승패를 막지 않고, 생겨도 사욕하지 않으며, 행하고도 자랑
삼지 않고, 뜻을 이루고 천하에 공이 지대해도 나타내지 않는다.

나타내지 않으니 영원히 사라지지도 않는다.

The view of the world is wrong.

It is ugly to think that it is beautiful.

It is bad to think that it is good.

To think it is true is false.

Therefore They don't realize the invisible relativity of the world.

Intangible creates a type of image, and emptiness embraces the particles.

The strong and the weak are mixed together Black and white are compared, Fast and slow are compared, The long and the short pull each other.

High and low lean against each other The preceding and the back are following.

The good and the bad confront each other.

Thus, the wise man skilled in the whole way meets the natural sources.

Practice implicit instruction Without stopping the fate of all things Free from self-interest Without affectation Accomplish one's will and great achievements do not show.

It does not show and does not disappear forever.

제107장

人生如蝸牛
인 생 여 와 우

인생은 달팽이 뿔 같다.

달팽이 뿔 같은 그 좁다란 땅의 세계에서 내 것, 네 것 따지고, 맞다, 틀리다 아무리 "나 잘났다!" 지지고 볶고 싸우고 떠들어야 사람은 언제 세상을 떠날지 모를 기껏 살다 죽는 하루살이 생명체에 불과하다.

Life is like a snail's horn.

　만물을 너그럽고 자애롭게 대하면 자신을 아는데 그렇게 살지 못하기 때문에 인간이 되고, 자연의 순수함과 선함을 배우면 신이 될 수 있는데 그렇게 노력하지 않기 때문에 천한 미물이 되고, 마음의 악함을 모두 없애 버리면 천국 가는데 그저 모든 것을 움켜만 쥐려고 발악하기 때문에 사람은 영원히 몸을 못 떠나고 반드시 죽게 되는 비망(非望)[5]의 존재로 쓸쓸함만 더한다.

　You know yourself when you're generous and gracious about everything.

　You become human because you can't live like that.

　Learning nature's innocence and goodness can make you a god.

　You don't work like that, you become worthless, If you get rid of all the evil in your mind, you'll go to heaven.

　He just holds everything in his hands endlessly.

　Forever man is mortal The existence of a memorandum only adds to the loneliness.

---

5) 비망(非望) 도저히 이루어질 수 없는 희망, 과도한 소원이나 헛된 꿈.

제108장 老天不負苦心眼兒
노 천 불 부 고 심 안 아

하늘은 애쓰는 마음을 저버리지 않는다.
Heaven not give up the spirit of toil.

나는 인류 역사상 세상의 벽과 생각의 벽을 무너뜨린 최초의 영적 개척자다.

수십억 년 동안 성역으로 각인된 신과 인간의 주종(主從:Master and slave) 관계를 혁파하여 '인간이 곧 신'이란 새로운 개념의 자연 이론을 정립함으로서 인류 존재의 본질을 재정의하고 동시에 사람이 스스로 신이 될 수 있는 영원한 낙원의 길을 열었다.

그르므로 아프겠지만, 고통스럽겠지만, 힘들겠지만, 어렵겠지만, 고독하겠지만, 우울하겠지만, 비참하겠지만, 체면이 안 서겠지만, 남 보기에 조금은 초라하겠지만, 그래서 더 마음이 약해져서 흔들리겠지만 그럼에도 불구하고, 우리는 몸에 사로잡힌 욕심의 삶을 끝내는 것을 배워야 한다.

물리적 삶이 다하는 날까지 지혜롭게 참고 견뎌야 한다.

그것만이 인간이 우주별에 갈 수 있는 단 하나의 길이다.

I am the first spiritual pioneer in human history to break down the walls of the world and of ideas.

Revolutionizing the master-service relationship between God and man, who had been sacred for billions of years, By establishing a natural theory of the new notion that man is God.

Redefine the essence of human existence.

at the same time Opened the path of eternal paradise for man to become God himself

Therefore I know it hurts.

It may be painful, It may be hard, It may be difficult, but

* I'll be alone *

You may be depressed.

It may be miserable, I know it's a shame, A little humble in the eyes of others That may make you feel more vulnerable, Nevertheless, we should learn to put an end to the life of greed that is obsessed with the body.

You must bear with wisdom and patience until the end of your life.

It is the only way to go to a star in the universe.

驕惡者難聽我指教
교 악 자 난 청 아 지 교

제109장

교만하고 사악한 자는 거북한 말을 듣지 않는다.
교만하고 사악한 자는 나의 도를 달성하기 어렵다.
나의 도는 순수한 마음을 가진 자만이 완성할 수 있다.
My degree can only be completed by someone with a pure mind.

음악적 재능이 없는 자에게 멜로디가 어떻고, 노랫말이 어떻고, 박자가 어떻고, 악기가 어떻고, 음악을 지도하는 것은 부질없는 일이다.

간단한 일상의 예를 들었지만 이치가 그와 같다.

인간의 정신을 깨우쳐서 천국으로 인도하는 진리의 길은 기본적으로 생각이 순수하고 마음이 순수해서 어느 정도 선한 영을 지니고 있어야 풍성한 결실을 맺는다.

본래 나의 도(道)는 그렇다.

To a man of no musical talent What's the melody?

What's the lyrics?

What's the beat?

What about musical instruments?

It is useless to coach music.

I give you a simple example of life, but it makes sense.

The path of truth that leads the human spirit to heaven Basically Pure in thought Pure in heart Somewhat You have to have a good spirit Bear abundant fruit Originally, my degree is so.

제110장

自視其覺
자 시 기 각

자신을 바로 봐야 깨닫는다.
자신을 냉정하게 직시하는 자만이 깨달음을 얻는다.
Only those who look at themselves with a cool head learn.

생각하는 능력이 소실된 자는 돈, 외모, 조직, 부, 권력, 학식, 명예, 건강 등 무엇이든 물질적 허세로 자신을 과시하고 미화하고 합리화시킨다.

그러나 그것은 자신의 인생조차 바람처럼 사라진다는 사실을 깨닫지 못하기 때문에 어리석은 허풍을 떠는 것이다.

그런 자는 자연의 흥망 이치를 배우지 않으면, 계속 윤회의 지옥 바퀴 밑에 깔리게 된다.

Who has lost his ability to think Money, appearance, organization, wealth, power, scholarship, honor, health, etc.

Shows off, glorifies, and rationalizes anything with material bravado.

But it is pretentious because it doesn't realize that even one's life is disappearing like the wind.

If he does not learn the rise and fall of nature, he will continue to fall under the wheel of the hell of reincarnation.

別信體身, 要信自心

제111장

별 신 체 신   요 신 자 심

몸을 믿지 말고, 자신의 양심을 믿어라.
Don't trust your body, believe your conscience.

세상은 크게 공간, 시간, 존재 세 가지로 구성된다.

하늘과 땅(大地)은 공간이고 시간은 공간에서 일어나는 현상, 즉 길이, 질량 같은 물리량을 정하는 기본단위다.

시간은 물리적 작용을 추적함으로써 원인과 결과를 알아내는 지식의 기반이 된다.

공간과 시간은 존재의 의해 형성된다.

존재의 의미는 신 또는 인간 같은 지각을 가진 정신적인 존재를 말한다.

단, 인류가 아는 신은 인간의 어리석음이 낳은 허구로 본래 신과 인간은 동일한 개념이며 영적 존재는 누구에 의해 창조되는 것이 아니다.

그들은 태초부터 스스로 존재하기 원해서 존재하며 일률적으로 자기 주체성, 역량, 불멸성을 지닌다.

즉 존재가 있으므로 공간과 시간도 있는 것이다.

몸은 인위적으로 조작된 작은 생물학적 공간이며, 거짓된 환상이다.

인간이 신이 되지 못하는 요인이다.

그러므로 사람은 절대 자기 몸에 속아서 안 된다.

아무리 논해도 육신은 무의미하고 쓸모없다.

인간은 반드시 영성을 회복해야 신이 된다.

The world is largely composed of three things : space, time and existence.

The sky and the earth are space Time is the basic unit for determining what happens in space, i.e. the amount of physical quantity such as length and mass.

Time is the basis of knowledge to discover causes and consequences by tracking physical activity.

Space and time are shaped by existence.

The meaning of existence is a spiritual being, such as a god or a human being.

God, however, is a myth Originally, God and man are the same concept.

A spiritual being is not created by anyone.

They exist from the beginning because they want to exist themselves.

Have a uniform identity, ability, and immortality.

Namely Because existence exists first, there is space and time.

The body is a small artificially crafted biological space and a false illusion.

That is one of the reasons why humans do not become gods.

Therefore One should never be deceived by one's own flesh body.

No matter how much we discuss it, the body is meaningless and useless.

Human beings can become gods only when they recover their spirituality.

제112장 不需學文, 要學自然
부 수 학 문   요 학 자 연

학문은 필요 없고, 자연을 배워야 한다.
학문은 자신의 성명을 논할 정도면 충분하다. 사람은 자연을 깨우쳐야 진리
를 터득한다.
Learning is sufficient to discuss one's own statement, Man must be
enlightened of nature to know the truth,

사람들은 학문을 생계적인 직업 또는 물질적 출세의 구실로 삼는다.

그러나 사람은 학문보다 자연의 진리를 배워야 고도의 영적 성장을 가져

올 수 있다.

인간은 배우면 배울수록 헤어날 수 없는 무지의 늪에 빠져들기 때문이다.

People take academic work as an excuse for a livelihood or material

advancement.

However, a man must learn nature's truth rather than learning to

have a high level of spiritual growth.

The more we learn, the more we fall into the swamp of ignorance.

제113장

昇借斗還
승 차 두 환

되로 주고 말로 받는다.
남을 괴롭히고 상처 줘서 이득을 보면 일단은 득을 보는 것처럼 생각되지만,
실제는 나중에 엄청난 재앙을 당한다는 뜻.
Sow the wind and reap the whirlwind.

타인의 고통을 자신의 이득으로 남발하지 말고

타인의 불행을 자신의 행복으로 악용하지 말라

이들은 모두 하늘이 달가워하지 않는 자들이다.

Don't abuse the sufferings of others for your own good.

Don't use the misfortune of others as your happiness.

These are all people who don't want to be welcomed.

자연은 말이 없고, 형체가 있는 것은 늘 머물러 있지 않는다.
자연은 말이 없고, 인생은 덧없다.
진리를 터득한 자는 인간적인 것에 연연하지 않는다는 역설적인 깨우침.
Nature is silent, life is fleeting.

그 어떤 험한 세상에서도 새들은 자신의 길을 잊지 않으므로 본성을 지킨다.

그 어떤 세찬 비바람이 불어도 꽃들은 자신의 길을 잊지 않음으로 본성을 따른다.

그러므로 사람도 몸이 있으니 먹고 살아야 하겠지만 무엇이든 욕심이 되어서는 안 되고, 몸이 있으니 입고 살아야 하겠지만 무엇이든 집착이 되어서는 안 되고, 몸이 있으니 즐겁게 살아야 하겠지만, 무엇이든 자연을 벗어나지 않아야 생각과 마음을 순수하게 유지해서 자유로운 영을 가질 수 있게 된다.

In any harsh world.

Birds can preserve their true nature because they don't forget their way.

No matter how strong the wind and rain blow, Flowers can follow their nature by not forgetting their paths.

Therefore As long as you have a body, you must live on it. But You must not turn anything into greed.

You have to live in clothes as long as you have body. But You must not turn anything into an obsession.

As long as you have a body, you should live happily. But One must not go beyond the bounds of nature.

When thoughts and minds always remain pure, Everyone will have a free spirit that transcends worldly desires.

제115장

反回宇宙
반 회 우 주

우주로 되돌아가는 것.
우주로 돌아가라, 당신의 영원한 마음의 고향이다.
Return to space, your permanent home of mind.

　나의 도덕성은 애매하지 않다.

　즉 고대, 중세, 현대 시대를 통틀어 공자, 소크라테스 같은 이름난 현인 그리고 각종 종교 맹신자들을 포함한 수많은 인류가 다양한 형태로 존재했지만 지구인 중에 천국에 간 사람은 고작 세 손가락 안에 들 정도로 거의 없다.

　그것은 인간이 육신에 집착하고 욕심에 빠져 무지에 흘러온 탓도 있지만 무엇보다 세상의 진실과 인생의 본질을 잘못 가르치고 잘못 배운 죄가 크다.

　따라서 세상 너희가 이 시대 나의 가르침과 인연된 것은 복 중의 복이다.

　인간은 지난 수억 년 시간 동안 참으로 많은 것을 잃었다.

　더군다나 사람들은 생각과 마음이 모두 안 좋은 쪽으로 굳어 있다.

　그래서 세상을 깨우친다는 것이 말처럼 쉽지 않다.

　그러나 아직 늦지 않다.

　나의 가르침을 존재의 진리로 여기고, 나의 가르침을 세상의 빛으로 생각하여, 끝없이 배우고 성장하라.

　스스로 자기 자신의 영성을 회복해서 너희의 영원한 마음의 고향, 천국으로 돌아가라.

　여기, 인간 세상은 너무 삭막하고, 외롭고 쓸쓸하다!

My morality is not ambiguous.

Namely Throughout ancient, medieval, and modern times Famous wise men such as Confucius and Socrates And Including religious people There were many different forms of human life.

But In the world Three people went to heaven.

Be very few.

That's because humans are obsessed with the body and are so greedy that they live in ignorance.

Above all, The biggest reason is that misconstrued the truth of the world and the nature of life and learned it wrong.

Therefore, it is a blessing in the world that you are related to my teachings in this day's age.

Humans have lost so much over the course of billions of years.

Not only that.

Human beings have lost their natural nature and have become extremely bad because of their corrupt thoughts and minds.

So to enlighten the whole world is not as easy as words.

But it is not too late.

In view of my teaching as the truth of existence thinking of my teaching as the lighthouse for existence Learn endlessly and Grow Up Restore your spirituality.

After that, Return to space, your permanent home of mind.

Here, the human world is so stark, lonely and lonely!

제116장 愚者爲食, 智者爲悟
우 자 위 식　지 자 위 오

어리석은 사람은 먹기 위해 살고, 지혜로운 사람은 깨달음을 위해 산다.
어리석은 자는 인간의 길을 가고, 지혜로운 자는 신의 길을 간다.
The foolish man goes human way, Wise man goes the way of God.

깨달음의 경지에 오른 사람은 질병도 늙음도 죽음도 없다.

그러나 자신의 본성을 깨우치지 못한 자는 날이면 날마다 병에 시달리고, 늙음에 초라하고 하얀 국화꽃이 줄 잇는다.

He who has reached the stage of enlightenment.

No disease, no age, no death.

But He who does not realize Day after day Suffering from a illness.

Old and shabby The white chrysanthemums are in line.

제117장

膽小鬼不能成爲神
담 소 귀 불 능 성 위 신

겁쟁이는 신이 될 수 없다.
자신의 영적 주체성과 불멸성을 자각한 사람만 신이 될 수 있다.
A coward can not be a god.

거짓은 거짓을 낳고 왜곡은 왜곡을 낳는다.

진리는 바람에 흔들리는 나뭇잎처럼 순수하고 자연스럽다.

인위적인 것에 길들여지면 영적 각성이 불가능하다.

스스로 창조주로서의 책임의식 아래 신의 생각과 신의 마음과 신의 자질을 가질 때, 그렇게 되려고 정신적 노력을 할 때, 천국은 네 것이 된다.

Falsity begets falsehood and distortion begets distortion.

Truth is as pure and natural as the leaf that shakes in the wind.

You can't get spiritual awakening if you're accustomed to artificial things.

Under a sense of responsibility as a creator When you have God's thoughts, God's mind and God's qualities.

When one's mental efforts are made, Heaven is yours.

제118장

兩條路
양 조 로

두 갈래 길.
Two ways.

　사람이 성인이 될 수 있는 것은 말과 행실이 도리에 알맞기 때문이고, 인간이 신이 될 수 있는 것은 물질의 유혹과 육체적 즐거움을 뿌리쳐서 정신이 몸을 완전히 지배하여 언제든지 영의 파동을 타고 하늘에 오를 수 있는 자연 본연의 기질을 유지하기 때문이다.

　그러므로 누구도 강요하지 않는다.

　다만, 세상에는 끝없는 고통과 죽음으로 가는 인간의 길, 그리고 영원한 천국으로 가는 신의 길, 오로지 두 가지 길만 존재할 뿐이다.

　The reason a person can be a saint is because Because words and deeds are right.

　The reason human can be gods is because.

　Against the temptation of matter and the pleasures of the body The spirit has complete control of the body.

　That is because it maintains its natural nature of being able to go up into the sky at any time on the wave of spirits.

　Therefore No one is forcing you.

　Only In the world.

　The human path to endless suffering and destruction.

And God's way to heaven forever.

There are only two paths.

제119장

反身拔心, 心翎神會
반 신 발 심   심 령 신 회

진심으로 자신을 반성하고, 깨우치면 천국에 간다.

몸은 인간을 땅에 영원히 가둬두는 정신을 방해하는 벽으로, 몸은 물론 물질세계의 모든 집착과 욕심을 버리고 마음을 깨우쳐서 영이 순수해지면 스스로 신이 되어 천국에 간다는 뜻.

If you are pure in spirit, you will go to heaven.

비를 맞는 것은 몸이지만 비가 오는 것을 아는 것은 그 자신의 생각이다.

바람을 맞는 것은 몸이지만 바람이 부는 것을 느끼는 것은 그 자신의 마음이다.

마음이 움직이지 않으면 어찌 몸이 움직일 수 있겠는가!

결국 몸은 마음이 조종하는 무의미한 살덩어리에 불과하다.

그러므로 일하기 바빠서 깨달을 시간이 없다.

돈 벌기 바빠서 깨달을 시간이 없다.

먹고 놀기 바빠서 깨달을 시간이 없다.

늙어 죽기 바빠서 깨달을 시간이 없다.

불행하게도 이들은 모두 탐욕의 덫에 걸려 영의 길을 잃고 끝없이 인생을 방황하는 사람들이다.

It's the body that gets caught in the rain.

It is his own mind to know it is raining.

It's the body that gets wind.

It is in his own heart that he feels the wind blowing.

How can the body move if the mind is not moved?

After all, the body is nothing but a bunch of meaningless flesh controlled by the mind.

Therefore I'm so busy at work that I don't have time to realize it.

I'm busy making money, so I don't have time to realize it.

I'm so busy eating and playing that I don't have time to realize it.

There is no time to realize till one dies of old age.

Unfortunately, they all fall into a trap of greed.

Lost in spirit They are people who are endless wandering through life.

제120장

身正世傳
신 정 세 전

身正世傳 신정세전

내가 바르게 살면 세상도 바르게 된다.
내가 참되면 세상도 참되게 흘러가고, 내가 거짓되면 세상도 엉망으로 흘러
가게 된다.
처지, 분야 구분 없이 모든 것은 나 한 사람에서 시작된다는 뜻으로, 개개인
의 인간적인 성찰을 깨우치는 가르침.
If I am true, the world is true, If I lie, so will the world.

원가 부풀리고, 적량 빼돌리고, 품질 떨어지고, 거짓 광고하고, 과도한
폭리를 취해 일신의 가족과 동료의 배만 채우는 것은 규모가 크든 작든 모
두 자신과 손님을 사기 치는 도둑 장사, 도둑 공장, 도둑 회사, 도둑 직원,
도둑 사장이다.

그러나 그것이 무엇이든 내가 먹고, 내가 입고, 내가 사용하는 것처럼 여
겨서 속임 없이 정성껏 물건을 만들고, 정직하게 받을 만큼만 값을 받아서
만약 벌어들인 물질적 소득이 있으면, 나는 필요한 만큼만 검소하게 쓰고,
나머지는 어려운 사람들을 돕고 사는 것은 덕 있는 상도(商道)로서, 그건
모두 선한 사업, 선한 공장, 선한 기업, 선한 직원, 선한 사장님이다.

안타깝게 이런 부류는 찾아보기 희박하다.

오늘날 세상의 풍요로움이 고르지 못하고, 누구는 살찐 돼지처럼 잘 먹
고 잘 살고, 누구는 앙상한 가지처럼 못 먹고 못 사는 고질적인 빈부(貧富)
의 병폐이다.

At a cost inflation rate Off the hook, Out of quality, Under false advertising, To make excessive profits to fill the stomachs of one's family and colleagues, Whether large or small, Lying to both himself and the customer, A thief's business, a thief's factory, a thief's company, a thief's employee, and a thief's boss.

But Whatever it is, I eat it, I wear it, I think it's what I use.

They make things without cheating.

At the price of honesty If there is a big income, I only spend as frugally as I need, The rest of the profit is that it is a good business to help people in need.

It is all good business, good factory, good company, good employee, good boss.

Unfortunately, this kind of thing is extremely rare in general.

Today, the world is not rich enough.

Some people eat well and live well like fat pigs.

Some people can not eat like a delicate twig and lives in poverty.

It is a chronic disease of the rich and the poor.

제121장 — 人不能, 超自然
인 불 능　초 자 연

가식은 자연을 능가하지 못한다. 인위는 순수를 지배하지 못한다.
Artificial does not exceed purity.

　짹짹거리는 참새 울음소리는 단지 감상을 위한 자연 음향에 그치지 않는다.

　사람이 깊이 살피지 않고 생각하지 못하는 것일 뿐, 사실, 그 울음소리는 때에 따라서는 배고픈 저항이고, 외로운 항변이고, 처절한 절규이다.

　겨우 보리쌀 몇 알이면 포식하고 남을 그들이지만 일찍이 인간의 탐욕과 이기심이 쓸어버린 자연 벌판에 그들의 생존 터전은 더 이상 보이지 않는다.

　이는 비단 참새의 문제만이 아닌 동네 주변을 떠도는 불쌍한 개, 고양이, 비둘기, 까치 등 모든 자연 생명들이 그런 참혹한 처지에 놓여 있다.

　이처럼 마음의 참 실현이란?

　수려한 산사에 황금 불상으로 모셔져 있는 것이 아니다.

　거룩한 성경책이나 교회당의 종탑 위에 매달려 있는 것이 아니다.

　사람의 생각이 미치지 않는 가장 낮고 외진 자연의 슬픔과 눈물에 있다.

　세상은 그것이 천국으로 가는 참된 영적 각성이라는 것을 알아야 한다.

Tweet of sparrows.

It's not just a natural sound for appreciation.

It's just that people don't look deep, they can't think.

In fact, the sound of that crying is.

According to circumstances.

Hungry resistance.

With a lonely plea.

Have a bitter struggle.

Only a few grains of corn are enough for them to eat.

For a long time, human greed and selfishness swept away the natural fields.

Their place of survival is no longer visible. It's not just a sparrow problem.

Poor dogs, cats, pigeons, magpies, and all the natural life around the village are in such a terrible situation.

What is the true realization of the mind?

It is not a golden statue of Buddha in a beautiful temple.

It is not hanging on the holy Bible or on the sacred bell tower of the church.

Truth lies in the lowest and most remote natural sorrow and tears beyond human thought.

The world should know that it is a true spiritual awakening to heaven.

제122장

善者得獎
선 자 득 장

선한 자는 상을 받을 만하다.
A good man deserves a prize.

본디 인간의 본성은 윤회와 관계없이 절대 바뀌지 않는다.

고로, 지금 도덕적으로 크게 하자가 없는 자는 이미 전생에도 그렇게 매사 바르고 착하게 살아온 사람이므로 그런 자는 현생이 다할 때까지 나의 가르침을 불굴의 좌표 삼아 자신의 정신세계를 전반적으로 한 차원 더 높이 끌어올린다면 스스로 영의 주파수를 따라 우주로 이동할 것이다.

Originally Human nature never changes regardless of reincarnation.

So, Now, a person without major ethical defects.

You've been so right and so kind in your past life.

He's not going to last until the end of this day.

With unflinching coordinates of my teaching.

If you take your mental world to another level in general, It will travel to space along the wavelength of the spirit itself.

제123장

自然是善, 善是自然
자 연 시 선   선 시 자 연

자연은 선하고, 선한 것은 자연이다.
Nature is good, goodness is nature.

비록 말 못하는 개라도, 개의 선한 눈망울을 보면 자연의 위대한 진리를 읽을 수 있다.

그러므로 내 자식 내 가족처럼 여겨서 밥과 물을 챙겨주고, 같이 놀아주고, 머리도 쓰다듬어 주면서 다정한 친구로 대하면, 웬만한 보잘것없는 사람보다 더 나은 명 친구가 된다.

그러나 단지 먹을 거로 대하면, 그 자 스스로 영성을 죽이는 야만적인 살생자로 둔갑한다.

인간의 생각의 폭, 마음의 질이란 것은 대체로 그와 같이 상대성 양극을 띄고 있다.

Even if you can't talk to a dog, The innocent good eyes of a dog can read the great truths of nature.

Therefore Think like my child, my family.

I brought you rice and water.

Play with, Strokc one's hair, As a friendly friend.

Be a better friend than a nobody.

But if you think it's just food, He turns himself into a savage killer who destroys spirituality.

The breadth of human opinion, the quality of the mind, has such a relative polarity in general.

제124장

仙人之者, 有身之者, 福氣之者
선 인 지 자   유 신 지 자   복 기 지 자

신선(神仙)의 도포(道袍) 자락이 스치는 모든 곳에는 복기가 내린다.
순수한 마음으로 나의 가르침을 받는 자는 하늘의 축복을 받는다.
With a pure heart, those who are taught by me are blessed of heaven.

인간은 극히 어리석은 심리가 있다.

인륜과 천륜을 섭렵한 초자연적인 정신세계를 갖추고 있는 선인이 세상 중생들을 연민해서 공짜로 도를 가르쳐 주면 평생 절을 올려도 모자랄 판에, 오히려 우습게 알고, 떼돈 받고 가르치면 무슨 엄청난 것을 배우는 줄 알고 있으니, 그야말로 하늘 팔고 신 팔아먹는 사이비 위선자들이 득실대는 만 년 호구 세상이 된다.

이렇듯 순수하지 못한 인간은 자신의 처지나 주제도 모르고 마음만 교만하고 사악하다.

그러나 미안하게도 세상은 "돈 바치는 곳에 진리 없고, 재앙만 가득하다."고 보면 이해가 쉽다.

아무튼 인간의 생각을 가진 사람들은 세상에 흔하다.

그러나 남이 범접할 수 없는 현묘한 생각과 큰마음을 지니면 그 자는 이미 인간의 한계를 넘어 스스로 신의 기질을 지닌다.

즉, 사람의 어리석음은 자존심이 상할시라노 배워야 할 것은 배워야 현명한 것인데 꼭 쓸모없는 것만 완강하게 배우려고 하고 또 무엇이든 이기적이고 부정적인 사고방식에 갇혀 있다.

그것을 이른바 가르쳐 줘도 모르거나 알아듣지 못하는, 속칭 무식의 극

치를 나타내는 '돌대가리' 또는 '석두'라 부르니 얼마나 참 적절한 해학적인
비유인가!

There is a very foolish psychology in man.

A wise man with a supernatural mind teaches people with
compassion for the world for free, but they do not accept it and rather
laugh.

You know, I know you learn a lot when you teach at a big price.

It is a world full of pseudo-connected hypocrites selling sky and
selling God.

In this way, human beings are arrogant and wicked, unaware of
their position or subject.

But unfortunately, the world is It is easy to understand that "there is
no truth where money is given, only disaster is full."

anyway People with human ideas are common in the world.

But if you have an extraordinary idea and a great mind that you
can't approach, He has a disposition of God beyond human limits.

In other words, the folly of man is It's wise to learn, even if you're
upset.

He is determined to learn only what is not useful.

There is also something in it that is selfish and negative.

Not know or understand what they say The name 'Doldaegari' or
'Seokdu' means the height of ignorance.

What a humorous analogy!

제125장

有思想變, 奐然一新
유 사 상 변   환 연 일 신

생각의 변화가 있으면 마음이 새롭게 달라진다. 생각의 변화는 마음의 변화
를 가져온다.
세상 존재에 대한 인류의 근본적인 자각의 혁신을 깨우치는 말.
A change of thought results in a change of mind.

부모 없이 고아로 사는 것이 불쌍한 것이 아니다.

거리를 떠돌며 쓰레기통을 뒤지고 사는 것이 불쌍한 것이 아니다.

사업하다 부도나서 가정 파탄 나고 빚쟁이에게 쫓기며 사는 것이 불쌍한
것이 아니다.

늙고 병들어서 날마다 몸 고생, 마음고생 하고 사는 것이 불쌍한 것이
아니다.

집 없고, 땅 없고, 취직 못하고, 공부 못하고, 성적 나쁘고, 못 배우고, 못
먹고, 못 입고, 못 사는 것이 불쌍한 것이 아니다.

그런 것들은 기억을 못하고 있을 뿐, 사실 인간이면 누구나 한 번씩 골고
루 숱하게 겪어 온 전생의 발자취이므로 현생 역시 그 자의 업보에 의해 가
령, 왕이 거지가 되고, 거지가 왕이 되는 것처럼 가문, 신분, 직책, 소유, 재
산, 직업, 외모, 건강, 수명 등은 후세에 얼마든지 상황이 바뀔 수가 있기
때문에 물리적 환경에 처해 행복하다고 우쭐대거나 불행하다고 비관할 것
이 못 된다.

그러므로 사람은 '자신의 정신성을 망각하고 사는 것'보다 세상에 더 비
참하고 암담한 인생은 없다.

It is not a pity to live as an orphan without parents.

It's not a pity to wander around the streets and search through garbage cans.

It is not a pity that the business went bankrupt, the family collapsed, and the creditors are being chased by them.

It is not a pity to be old and sick and have a hard time every day.

It's not a pity that there's no home, there's no land, there's no job, no work, no grades, no learning, no food, no clothes, no life.

We don't remember them, but it's actually a sequence of past lives that every human being has gone through all over.

Now, this is also a reflection of his karma.

For example, like a king becomes a beggar, a beggar becomes a king.

Family, status, position, ownership, wealth, occupation, appearance, health, life expectancy, etc

Because things can change for future generations.

In a physical environment You can't be too proud to be happy or pessimistic about being unhappy.

Therefore There is no more miserable and gloomy life than 'forgetting one's spirituality.'

제126장

大的災難之路, 小的順坦之路
대 적 재 난 지 로   소 적 순 탄 지 로

크고 강한 것은 재앙의 길이며, 작고 약한 것은 진리의 길이다.
What is large and strong is the path of disaster, and what is small and
weak is the path of truth.

인간은 항상 큰 것을 탐함으로써 불시에 재앙을 받고, 작은 것을 우습게
생각함으로써 큰 재앙을 당한다.

그러므로 사람은 작은 것에 만족할 줄 아는 마음, 작은 일을 두려워할
줄 아는 마음, 이 두 가지의 작지만 큰 지혜를 지니고 있어야 인생을 순리
대로 흐를 수 있다.

Man is suddenly disastrous by always wanting big things, You get
into big trouble by thinking small things lightly.

Therefore, people Great wisdom to be content with small things
You must have great wisdom to fear little things.

Life can flow in its natural course.

제127장 天地之間, 我是神, 不說空話
천 지 지 간   아 시 신   부 설 공 화

나는 시공계를 초월한 불멸의 영적 존재이므로, 빈말하지 않는다.
Above the earth and sky
I am a god, so I don't talk nonsense.

나의 도는 종교가 아니다.

나의 교리는 시가 아니다.

나의 교리는 공상과학 소설이 아니다.

나의 가르침은, 세상 너희가 시대를 뛰어넘어 목숨보다 더 소중히 간직해야 할 절대적 천국의 요소다.

그런데도 일부 영악한 무리는 나의 사려 깊은 고도한 정신적인 메시지를 극히 세속적인 또는 인간적인 구실로 삼는 몽매한 자가 있다.

따라서 세상을 장악하여 꽃밭처럼 다스려 보고자 하여도 뜻대로 생각처럼 되지 않는다는 것을 나는 안다.

세상은 거미줄같이 얼기설기 꼬여 있어서 사람의 힘으로는 어쩔 수가 없는 것이다.

열심히 해보려고 해도 실패하게 되고, 잡으려고 해도 놓치게 되고, 스스로 앞서가는 것이 있는 반면 어떤 것은 뒤만 따라가는 것이 있다.

숨을 쉬기도 하고 멎기도 하며, 억센 것도 있고 순한 것도 있고, 악한 것도 있고 선한 것도 있고, 미운 것도 있고 예쁜 것도 있고, 멍청한 것도 있고 총명한 것도 있고, 고무적인 것도 있고 시샘하는 것도 있고, 위에 얹히는 것도 있고, 아래로 굴러떨어지는 것도 있다.

그러므로 창세기 이래, 긴긴 자각의 잠을 깨고 동방의 작은 나라의 현자로 환생한 나는 하늘 아래 아무도 보지 못한 것을, 아무도 듣지 못한 것을, 아무도 말로 설명할 수 없는 것을, 아무도 글로 표현할 수 없는 것을, 세상에는 무엇인가의 심오한 자연법칙이 깊이 숨겨져 있음을 알고, 나 스스로 그 신비를 본능에 찾아내서 무한한 생각 에너지와 무한한 영의 파동을 비축하여 그렇게 인간 너희의 존재에 대한 모든 영적 자부심을 되찾아 주고 깨우쳐 주고자 몇 뭉치의 인생 교훈과 세상이 살아남을 길을 구원의 씨앗으로 뿌리고, 나는 머잖아 몸을 대우고 영원히 나의 근원으로 되돌아간다.

그리고 땅에서 본 그대로 구할 것은 구하고 멸할 것은 멸할 것이다.

My doctrine is not religion.

My doctrine is not a poem.

My doctrine is not science fiction.

My teachings are the ultimate factor of heaven that you should cherish above your life as you go beyond time.

Still, some clever people have a pathetic excuse for using my thoughtful, high spiritual message as an extremely secular or human excuse.

therefore You want to take control of the world and govern it like a flower garden.

I know that it does not work out as one wishes.

Because the world is twisted like a spider's web.

It is beyond human control.

I try hard, but I fail.

They try to catch it, but they miss it.

Some people are ahead of themselves.

Some people follow only after others.

Some breathe, Some stop.

Some are tough and some are mild.

Some are bad, some are good.

Some are ugly and some are pretty.

Some are stupid, some are smart Some things are encouraging and some are jealous.

Some are on top.

Some fall down.

Therefore Since Genesis Waking up from the long, self-aware sleep I am reincarnated as a sage of a small country in the East.

Below the sky Seeing nothing What no one can hear

What no one can explain in words What no one can express in writing.

There's something extraordinary hidden about the world.

I find the mystery by my instinct With infinite energy of thought and infinite force of spirit So, to restore and enlighten all spiritual pride in your existence.

With some life lessons, the world will sow its way to life as a seed of salvation.

I soon throw myself away and return to my original source forever.

And As seen and felt What is destroyed will be destroyed and what is saved will be saved.

제128장 — 愚者從身, 智者樂心
우 자 종 신   지 자 락 심

어리석은 자는 육체를 추구하고, 지혜로운 사람은 마음의 도를 즐긴다.
The foolish man chases the body, the wise man sees the heart.

사람들은 돈과 권력, 부와 명예를 얻으려고 무진장 애를 쓴다.

그러다 보니 그것을 달성하는 단계에서 비굴, 거짓, 술수, 편법 같은 비도덕적인 행위로 자신의 정신을 무수히 파괴시킨다.

때문에 인간은 아무리 성공하고 성취해도 몰락의 길을 간다.

단, 모든 것을 비우고 자연에 흐르는 자는 천상천하를 얻는다.

몸으로 이룬 것은 삶의 실체가 아니고, 생각의 깨우침이 인생의 본질이기 때문이다.

그러므로 어리석은 자는 몸을 쫓고, 지혜로운 자는 마음을 본다.

People are desperate for money, power, wealth and fame.

Thus, in the process of achieving it, they destroy their minds countless times with immoral acts such as cowardice, lies, tricks, and shortcuts.

Therefore, no matter how successful or accomplished a person is, he or she is doomed to ruin.

However, he who puts everything down and flows in the pure nature wins the heavenly kingdom.

It is not the reality of life that the body has achieved, but the realization of thought is the essence of life.

Therefore, The foolish man pursues the body, the wise man sees the heart.

제129장 如果不知自己, 不要談論人生
여 과 부 지 자 기 불 요 담 론 인 생

자신을 모른다면 아무것도 논하지 말라.
If you don't know yourself, don't talk about life.

세상은 타의에 영향을 받는 때가 많지만, 인생은 결국 자의의 불찰로 쉼 없이 흘러간다.

마음의 깨달음은 그 미완의 존재를 완성하여 고차원의 세계에 안착하는 번뇌의 종착이다.

The world is often influenced by bad intentions.

After all, life is constantly going on because of one's mistakes.

The realization of the mind completes its unfinished existence.

It is the end of one's troubles in a higher world.

제130장

惺惺生死
성 성 생 사

깨달은 자는 살고, 깨우치지 못한 자는 죽는다.
The enlightened live, the unlearned die.

인간이 길고 긴 윤회의 옷을 입고 고통의 세계를 떠돌고 있는 가장 큰 이유는 스스로 욕심의 처지에 갇힘으로써 만물의 구성원이 되기 때문이다.

즉 사람은 이 자연의 이치를 거꾸로 풀어가면 자신이 곧 만물의 주체가 되어야 하는 결론에 이르게 된다.

그러므로 현묘의 깨달음을 얻은 사람은 세상의 주인이 되고, 깨우치지 못한 미개한 자는 세상의 종이 된다.

The biggest reason why humans are wandering around the world of pain in the long and long cycle of reincarnation is because It is because he becomes a member of all things by being trapped in a situation of greed.

That is, if you reverse this process of nature, You come to the conclusion that you should be the master of all things.

Therefore.

He who has this extraordinary insight becomes the master of the world, and he who does not realize is servant of the world.

제131장

慾有不安, 無慾無厭
욕 유 불 안   무 욕 무 염

욕심이 있으면 모든 것이 두렵고, 욕심이 없으면 모든 것이 자유롭다.
All is fear when there is greed, and all is free without greed.

물질을 제일주의로 떠받드는 타락한 인간 세상은 돈의 많고 적음에 따라 사람을 떠받들고 무시하는 천한 풍토가 있다.

하지만 가난과 부자는 인간의 몸이 낳은 무지의 생존 개념일 뿐, 본디 인간은 영적 존재이기 때문에 그와 같은 허상의 이론을 적용받지 않는다.

몸이 가난한 사람은 있어도, 정신이 가난한 사람은 없다.

즉 사람은 몸이 아닌 마음이 때 묻고 사악해져서 배울 것이 없게 된 것을 스스로 부끄럽게 생각해야 한다.

In the corrupt world of humanity, where materials are respected as First.

There is a bad climate in which people are respected and ignored by the amount of money.

But poverty and wealth are just the concepts of survival of ignorance of the human body.

Since human beings are originally spiritual beings, they are not subject to such theories of illusion.

Some people are poor, but none are mentally poor.

In other words, one should be ashamed that the mind, not the body, is dirty and evil, so there is nothing to learn.

屁滾尿流心比飯心
비 곤 뇨 류 심 비 반 심

제132장

마음이 밥보다 중요하다.
The mind is more important than the rice.

먹고 사는 것은 남보다 조금 가난해도 괜찮다.

성인(聖人)이 가난해도 도를 즐기는 것은 영이 순수하기 때문이다.

따라서 사람의 몸은 굶지 않을 정도면 족하다.

정 생활 형편이 어려운 경우 때에 따라서는 하루 한두 끼만 먹고 살아도 생명에 지장이 없다.

그깟 음식이란 것은 먹는 대로 다 똥 안 되는 것이 없기에 굳이 식탐에 빠져서 음식의 상노예가 될 필요까지는 없는 것이다.

그러나 생각의 다스림과 마음의 가꿈은 조금만 방심해도 악성에 오염되므로 남보다 한참 앞서 있어야 영적 손실이 없다.

사람은 밥 먹는 횟수보다 생각하는 횟수를 늘려야 하늘의 가르침을 그르치지 않는다.

It's okay to be a little poorer to live on.

The saint enjoys poverty because the soul is pure.

You need not starve to a painful extent.

In cases of extreme difficulty In some cases, just one or two meals a day will not affect your life.

All food turns to poop.

292   나는 神이다 고로 말한다

You don't have to be obsessed with food and become a slave to it.

But the discipline of thought and the cultivation of mind A little slack will contaminate the evil, so long as you are far ahead of others, you will have no spiritual loss.

People should think more than they eat.

Do not misbehave from the teachings of heaven.

不情之明, 不可自悟

제133장

부 정 지 명 불 가 자 오

마음의 작용을 변화시키지 않고서는 스스로 깨닫지 못한다.
You can't realize for yourself unless you reveal the workings of your mind.

사람들은 불쌍한 개를 굶긴 뒤에 온몸을 불로 지져 죽였다.

사람들은 불쌍한 개를 차에 묶어 끌고 달리며 괴성을 질렀다.

사람들은 불쌍한 개를 몽둥이로 때리고 펄펄 끓는 가마솥에 강제로 밀어 집어넣었다.

사람들은 불쌍한 개를 인정사정없이 죽을 때까지 바닥에 내동댕이쳤다.

자 그렇게 개고기 뜯어 먹고 창자 채우고 사니 사지가 편하고 가정이 화목하더냐.

천하의 무식한 인종들아, 천하의 미개한 원시인들아.

너희가 동물처럼 생각하는 지능이 없다면 동물처럼 옳고 그름을 판단하는 마음의 능력이 없다면 차라리 말을 않는다.

그래서 너희는 영원히 고통과 죽음의 옥장에 갇혀 있다.

너희는 왜 스스로 파멸의 인생을 자초하고 있음을 깨닫지 못하는가.

눈이 있으면 볼 것이고, 귀가 있으면 들을 것이니.

진실로 너희가 천국에 오르고자 한다면, 물리적 힘의 허세와 잔악한 인간성을 없애서 세상은 보다 선한 직업, 선한 생계, 선한 제도, 선한 방법, 선한 논리, 선한 삶, 선한 존재의 길을 찾아야 할 것이다.

people burned the poor dog to death after starving him.

People tied the poor dog to a car and laughed merrily as he drove.

People beat the poor dog with a club and forced him into a boiling pot.

People threw the poor dog to the floor until he died.

So you eat dog meat and live with your intestines full of it, so you feel comfortable and your family is happy.

You ignorant people of the world, the savage primitive men of the world.

If you don't have the intelligence to think like an animal, you would rather not speak unless you have the ability of your mind to judge right and wrong like an animal.

So you are forever trapped in the reincarnation of pain and death.

Why don't you realize that you are self-inflicted a life of destruction?

If you have eyes, you will see If you have ears, you'll hear.

If you really want to climb heaven.

By dispelling the pretensions of physical power and brutal humanity The world will have to find a better job, a better livelihood, a better system, a better way, a better logic, a better life, and a better way to exist.

富中無學, 貧中有學
부 중 무 학   빈 중 유 학

제134장

> 부자는 배울 것이 없지만 가난은 배울 것이 있다.
> 부자는 죽음의 땅에 사는 이기적인 인간들의 사악한 논리이고, 가난은 천국
> 의 모태가 되는 순수한 신의 논리가 된다.
> The rich have nothing to learn, but poverty has something to learn.

인간 세상은 무지하여 가난은 단지 고생과 혐오의 대상으로 여겨서 누구나 의식적으로 부유한 삶을 지향한다.

그런 까닭에 크고 작은 물질의 득을 얻는 과정에서 자신의 정신을 파괴하는 무수한 죄행과 불찰을 야기하게 된다.

결국, 잘 먹고 잘 사는 것이 죄업만 쌓는 불행한 결과를 낳게 된다.

그러므로 사람은 악의 뿌리가 되는 모든 욕심에서 벗어나 자신의 인생을 슬기롭게 관리할 줄 알아야 한다.

The human world is so ignorant that poverty is considered a mere object of hardship and hatred that everyone consciously aims to live a rich life.

In this way, the process of gaining the benefit of small and large substances leads to numerous sins and mistakes that destroy one's mind.

In the end, eating well and living well only leads to karma.

Therefore, one should be able to escape from every desire that is the root of evil and manage one's life wisely.

제135장 一條活路
일 조 활 로

살길은 하나뿐이다. 한 가닥 살길.
사람이 천국에 가기 위해서는 반드시 선과 악 하나의 길을 가야 한다는 뜻.
인간의 불순한 생각과 마음의 비리에서 나오는 욕심, 불의, 가식, 위선, 기회
주의를 버리고 스스로 순수한 영의 경지에 올라야 한다.
Human must go either good or evil.

사람의 마음은 천사의 기질과 악마의 내성을 동시에 지니고 있다.

따라서 천사의 기질을 살리는 자는 스스로 신이 되고, 악마의 근성을 버
리지 못하는 자는 영원히 인간의 멍에를 짊어지게 된다.

The human mind has both the spirit of an angel and the resistance
of a devil.

Therefore he who finds the angel's disposition becomes God
himself, He who can not give up the devil will be under the yoke of
man forever.

제136장 愚者安看身, 智者風流心
우 자 안 간 신   지 자 풍 류 심

미련한 자는 육신을 즐겁게 하고, 지혜로운 사람은 정신의 기풍(道)에 산
다.

A fool entertains the body ; a wise man lives in the spirit of the mind.

물질적으로 안락한 삶을 누리는 사람은 정신적으로 깨어날 확률이 거
의 제로에 가깝다.

그런 자는 모든 것이 풍족해서 혼자 우월감에 빠져 있기 때문에 타인을
이해하고 배려하는 삶보다 가난한 사람을 얕잡아 보는 나쁜 태도를 지니
거나 분수에 맞지 않게 사치하고 방탕한 생활을 즐겨서 알게 모르게 영적
타락을 초래할 수밖에 없다.

반대로, 모든 것이 부족하고 어려운 생계 환경에 처해 있는 사람은 조금
만 자신의 마음에 대해 신경 써서 노력하면 영적으로 깨어날 소지가 크다.

부족한 것은 자족감으로 승화시키고 욕심이 생기는 것은 청빈한 생활로
다스리면 물자의 궁핍은 얼마든지 극복될 수 있다.

Those who enjoy a life of material comfort have a near zero chance
of waking up mentally.

Such a man is so full of living conditions that he can not but
despise the poor, or love luxury and debauchery rather than respect
others, that it leads to spiritual degradation.

On the contrary, All things are lacking and people in a difficult living environment are more likely to wake up spiritually if they try to care a little bit about their minds.

What is lacking can be sublimated as a sense of self-sufficiency, and the poverty of the situation can be overcome if the greed is controlled by honest poverty.

제137장

教都不知道, 眞是愚蠢啊
교 도 부 지 도   진 시 우 준 아

가르쳐 줘도 모르니 어리석음이 죄다. 인간은 욕심에 갇혀서 이미 생각하는
마음의 능력을 잃어버렸다는 뜻.

사람, 너희는 현실에 밥 먹고 공부하고 일하고 살아감을 노상 현실이라
우기지만 그것은 모두 고통과 죽음의 길로 가는 무지의 환영임을 진실로
깨우쳐야 할지니라!

爲身亡心, 忘身求心
위 신 망 심   망 신 구 심

제138장

> 몸을 위하면 마음은 멸망하고, 몸을 잊으면 마음은 구원된다.
> Living for the body will ruin the soul ; if you forget the body, it will be saved.

사람 몸은 축구공 같은 물건이나 리모콘으로 작동되는 TV, 에어컨 같은 기계나 도구에 불과하다.

살과 피와 뼈의 재질로 된 눈, 코, 입, 귀, 손, 발 등 각 신체 부위의 생체 기능을 움직이게 하는 것은 정교한 신경 조직이고, 몸의 신경을 일으키게 하는 힘의 원천은 소위 음식이라고 불리는 식물, 곤충, 동물 같은 자연 생명 섭취 에너지에서 온다.

에너지가 섭취되고 몸이 순환하는 상태는 삶이고, 에너지 공급이 중단되거나 신경 조직이 끊기면 죽음의 상태가 된다.

상처, 굶주림, 질병 같은 물리적 영향을 받으면 고통을 느끼는 것은 그같은 영과 몸의 생물학적 신경 구속 작용 때문이다.

그러므로 인간은 이 원리를 알면 자신의 몸에 대한 불필요한 허세, 허풍, 허영, 객기, 집착, 애착, 과대망상 등에서 벗어나 존재 본연의 마음의 중요성을 깨우치게 된다.

The human body is nothing but a machine or tool such as a soccer ball, a remote control TV, and an air conditioner.

It is sophisticated neural tissue that moves the biocompatible functions of each body part, such as eyes, nose, mouth, ear, hand, feet, and so on, made of flesh, blood and bone.

The source of the nervous power of the body comes from the energy of natural life intake, such as plants and animals called food.

The state of energy intake and circulation of the body is life, and death occurs when the energy supply is stopped or the nervous system is cut off.

It is because of the biological neuro-construction of the body and the spirit that is affected by physical effects such as wounds, hunger and disease.

Therefore, when we know this principle, we're free from unnecessary bravado, bluster, vanity, startiness, attachment, delusions of grandeur.

You realize the importance of the mind, which is the core of existence.

善是共友, 惡是萬敵

제139장

선 시 공 우　악 시 만 적

선은 만물의 친구고, 악은 만물의 적이다.
Good is our friend, evil is our enemy.

　선악의 길을 구분 못하고 함부로 설치는 자는 선과 악 그 어디에도 발붙일 곳이 없다.

　악은 그를 동조한 자마저 이용가치가 없으면 배신해 버리고, 선은 선대로 그 자를 사람 취급하지 않기 때문에 이러지도 저러지도 못하는 매우 우스꽝스러운 처지에 놓이게 된다.

　선은 하늘과 땅, 세상 어디에서나 환영받지만, 악은 하늘과 땅, 세상 어디에서나 늘 비참한 신세를 못 면한다.

He who can not distinguish between good and evil ways can not find a place to put his foot in any of them.

Evil will betray even those who support him, Because goodness has never treated him as a human being before.

It is a very ridiculous situation where you can't do that.

Good is welcomed in the sky, in the earth, everywhere.

Evil is always a misery or an outcast in the world of heaven and earth.

제140장 — 人的終極是天國

인 적 종 극 시 천 국

> 인간의 궁극은 천국이다. 천국은 모든 중생들의 원초적 목표이다.
> 사람은 하늘의 가르침에 귀 기울여서 지혜롭게 잘 살아야 한다.
> The ultimate in man is heaven.

세상에서 가장 의미 있는 단어는 천국이다.

세상에서 가장 의미 없는 단어는 지옥이다.

그 외에 아름답든 고상하든 심각하든 유익하든 들으나 마나 한 전부 쓸모없는 먼지 같은 말이다.

The most meaningful word in the world is heaven.

The worst thing in the world is hell.

Other words, beautiful, elegant, serious, and useful, are all rubbish.

제141장 向看邪惡, 不可能醒
향 간 사 악 불 가 능 성

악을 추종하거나 두둔하면 영적 각성이 불가능하다.
It is impossible to awake spiritually when you are standing in evil.

세상이 조화롭지 못하고 도탄에 빠지는 가장 큰 원인 중 하나는 각 부족의 정치권력을 틀어쥔 몇몇 사악한 인간 두목들 때문이다. 따라서 악을 겁내고 방관하는 비굴한 사회와 나라는 먹구름이 낄 수밖에 없다. 본디 악은 똥보다 더러운 것으로 보는 즉시 치워 없애야 할 오물 덩어리 자비와 흥정의 대상이 아니다. 악의 논리를 펴는 자 또한 가식과 위선의 탈을 쓴 자로 다를 바가 없다. 이것은 극단이 아니라 순리이다.

One of the biggest causes of the world's incongruity and distress is a few infamous wise human bosses who hold the political power of each tribe. Therefore, a society and country that are cowardly of evil and looks on the sidelines are always in a dark cloud. Originally evil is a lump of dirt that should be removed immediately from what is seen as dirty rather than poop, never a subject of mercy or bargaining. He who composes the logic of evil is no different from the one who wears the mask of pretension and hypocrisy. This is not an extreme but a natural course.

제142장 祝福與禍, 自己動手
축 복 여 화 자 기 동 수

인간의 복과 화는 그 자신에게서 나온다.
Blessing and disaster come from man himself.

"착한 일 하면 천국에 가고, 나쁜 짓 하면 지옥에 떨어진다."

이 말은 어느 특정 신이 가르친 진리가 아니다.

본래 인간은 자기가 하는 바에 따라서 스스로 복도 받고, 화도 받고, 천국에 가고, 윤회에 종속될 뿐이다.

사람은 일단 이와 같은 해묵은 인식과 종교적 관념에서 탈피해야 본연의 영적 세계에 도달할 수 있다.

"Good deeds go to heaven, bad deeds fall to hell."

This is not the truth taught by any particular god.

By nature, humans are driven by their own.

Each of them is lucky for themselves, or they are miserable, they go to heaven, or they are dependent on reincarnation.

We need to break away from these old perceptions and religious beliefs.

Can reach one's own spiritual awakening.

充斥罪惡的天下
충 척 죄 악 적 천 하

제143장

온갖 죄악으로 가득 찬 극악무도하고 모순된 세상.
지구인들이 영적으로 끝없이 배우고 성장해야 하는 절대적인 이유.
A world full of sins.

사람이든 말 못하는 자연 생명이든 먹어야 사는 애들이 못 먹어 배를 굶고 있으니 그것이 세상 슬픔 하나요.

더불어 나누고 살아야 할 백만장자, 천만장자, 억만장자 부자들이 돈과 재물을 쌓아 놓고 베풀지 않으니 그 또한 세상의 참상이 될 것이요.

시궁창의 쥐 같은 탐욕스럽고 사악한 자들이 곳곳에서 우두머리 행세를 하고 있으니 그 또한 세상의 잔악함이 될 것이니 하늘은 이것을 희망 없는 인간 세상, 영원한 지옥이라 말한다.

Whether human or poor natural life It is one of the grief of the world that the children who have to eat are starving.

And it would also be a misery for the world, as millionaires, tens of thousands of billionaires and billionaires would not have money and wealth in their homes.

The evil men, like the rat in the gutter, are acting like leaders everywhere, and it will also be the cruelty of the world.

The heavens call it the hopeless world of humanity, the eternal hell.

第144장 日思夜想, 不停思索
일 사 야 상　부 정 사 색

밤낮으로 생각하고 끊임없이 생각하다.
인간은 사고와 변화를 통해 배운다.
Humans exist by thinking, and think by being.
Think day and night.
Man learns through thought and change.

사람은 벌레가 아니다.

그런데도 벌레같이 사는 자가 있다.

사람은 가축이 아니다.

그런데도 가축처럼 사는 자가 있다.

사람은 짐승이 아니다.

그런데도 짐승만도 못한 삶을 사는 자가 있다.

생각 없이 사는 자의 정신 수준은 대체로 그와 같은 것이다.

명심하라!

"인간은 생각함으로써 존재하고, 존재함으로써 생각한다."

Man is not a worm.

But some people live like bugs.

Man is not a livestock.

Some people still live like livestock.

Man is not a beast.

Some people live worse lives than animals.

Such is the standard of mind for those who live unintentionally.

So, Keep it in mind!

"Humans exist by thinking, and think by being."

제145장

誰都可以成爲天, 只需要要不屈之志
수 도 가 이 성 위 천 지 수 요 요 불 굴 지 지

누구나 신이 될 수 있다. 다만 불굴의 양심과 의지가 따를 뿐이다.
Anyone can be a god. It is only with an indomitable will.

  인간은 새장에 갇힌 새와 같고, 어항에 갇힌 물고기와 같고, 초원에 방목하는 소 떼와 같다.

  그러므로 수컷의 억셈을 배워서 암컷의 순함을 지니면 세상의 모든 것이 흘러드는 큰 바다가 되고, 세상의 모든 것이 모여드는 큰 바다가 되면 불멸의 덕이 깃들어 순수로 돌아가게 된다.

  사물의 이치를 헤아려서 스스로 악한 성질을 걷어 내면 온 세상이 본받는 귀감이 되고, 온 세상이 본받는 귀감이 되면 근원에 이르게 된다.

  세속의 경망함을 교훈 삼아서 고된 인생을 끝까지 참고 견디면 온 세상이 흘러드는 큰 바다가 되고, 온 세상이 돌아오는 큰 바다가 되면 영원히 순진무구한 마음을 지지게 되어 어디에도 묶이거나 갇히지 않는 더없이 소박한 자유세계를 찾게 된다.

  나무를 베어 그릇을 만들 수 있듯이 소박함을 끊어 쓸 만한 사람을 낼 수 있지만, 하늘이 그들을 사용할 때에는 고작 한 분야의 우두머리로 부릴 뿐이다.

  따라서 정말로 크게 사용하고자 할 때에는 억지로 손을 대지 않고 모든 것을 혼자 생각하고 스스로 깨우치도록 자연에 내버려 둔다.

  신은 그렇게 위대한 자연에 탄생하는 것이다.

Man is It's like a caged bird.

It's like a fish stuck in a fishbowl.

Be like a herd of cattle on a field Therefore By learning the fury of the male.

If you have female gentleness, Everything in the world becomes a big ocean.

If it becomes a big sea where everything in the world gathers, In virtue of immortality Return to innocence.

In the sense of things If you can overcome your evil nature, As a model for the whole world As an absolute model for the whole world Be returned to its original source.

Taking lessons from the frivolity of the world If I can endure the disgrace of life to the end, It's going to be a big ocean where the whole world flows.

When the whole world comes back to the ocean, Forever in Heaven On the loose Find the simplest free world As you can cut down trees into bowls You can cut the simplicity out of it, and you can make someone you can use.

When the heavens use them Be at best used as a leader in one field So, when you really want to use it bigger, Without force Leave everything in nature to be alone and self-aware God is born in such a great nature.

제146장 人到人的祖國, 神思念上帝的國度
인 도 인 적 조 국 신 사 염 상 제 적 국 도

사람은 사람의 나라를 찾고, 신은 신의 나라를 그리워한다.
Man finds his country, but God misses it.

우주는 누구의 독점적인 세계가 아니다.

우주는 본래 모든 영적 존재의 근원이며 고향이며 영원한 터전이다.

따라서 하늘의 신들은 광활한 우주를 활동 무대로 무수히 많은 환영을
창조한다.

인간 역시 비록 땅에 살고 원초적 본성을 잃어버렸을지라도, 그 사람이
생각하고 말하고 행하는 모든 것 또한 영적 존재로서 엄연히 창조자의 위
엄을 지닌다.

이는 다만 자신의 본연의 영성을 되찾은 자에 한(限)한다.

The universe is not an exclusive world.

The universe is originally the source of all spiritual existence,
home and permanent home.

Thus, the gods of the sky create countless visions through the vast
universe as an activity stage.

Even though humans live on land and have lost their primitive
instincts, Everything he thinks, speaks and does is also a spiritual
being, with the dignity of the Creator.

This is only to those who have regained their true nature and
spirituality.

제147장 我是思索而存在, 我是地心而存在
아 시 사 색 이 존 재 　 아 시 지 심 이 존 재

나는 생각으로 존재하고, 나는 마음으로 존재한다.
I am by thought, and by heart.

"태어난다.", "산다.", "죽는다." 이런 말은 근본적으로 틀린 인생개념이다.

본디 사람은 태어나는 것도 아니고, 사는 것도 아니고, 죽는 것도 다 아니다.

인간은 그런 위축되고 피동적인 하루살이 풀벌레 같은 낮은 한계 의식을 갖고 있기 때문에 스스로 영성을 잃고 애먼 신을 찾게 되고 물질의 몸에 집착하는 욕심의 처지에 갇히게 된다.

그러므로 "나는 생각하며 존재한다!" 또는 "나는 마음으로 존재한다!"와 같은 고품격 불멸 의식을 지녀야 깨달음의 세계를 통찰할 수 있다.

"To be born.", "to live." and "to die." are fundamentally wrong concepts of life.

Men are not born, live or die at first.

Such a low sense of limit, such as a shrinking, passive mayfly, leads a person to lose his spirituality and seek out for a god and become obsessed with the body of matter.

Therefore Such as "I am by thought!" or "I am by heart!"

You need to have a high sense of immortality to gain insight into the world of enlightenment.

제148장

無能爲力, 自己成神
무 능 위 력　자 기 성 신

자기를 도와줄 것은 아무것도 없다. 어찌할 도리가 없다.
스스로 자신을 완성해서 스스로 신의 경지에 올라서야 한다.
엉뚱한 데서 신을 찾지 말고 "너 스스로 깨우쳐서 신성을 회복하라!"는 가르침.
Be God yourself!

천지 만물의 세계에서 가장 낮은 정신적 수준을 가진 인간 세상에서는 돈 많고 권력 있는 사람, 성공하고 출세한 사람, 인기 있고 유명한 사람, 예쁘고 날씬한 사람, 키 크고 덩치 큰 사람, 처세술에 능한 사람, 재산가, 속물, 강한 포식자, 거짓말과 속임수에 능한 사람, 탐욕스럽고 이기적인 사람, 그리고 악성을 가진 사람들이 대체로 착한 사람을 상대로 대장 흉내 낸다.

하지만 그것은 모두 생각과 마음이 죽어 있는 어리석고 무의미하고 무가치한 인생일 뿐.

그것은 또한 갑작스런 사고나 질병, 늙음, 죽음에 바람처럼 사라질 허망한 것들이므로 깨닫지 못하는 사람은 깨우친 사람 위에 있을 수 없다.

깨닫지 못한 자는 아무리 우월한 처지에 있어도 천한 인간에 속하고, 깨우친 사람은 존재 자체가 이미 신의 영역에 속하기 때문이다.

즉 그 어떤 신앙과 종교도 도움이 되지 않는다.

인간은 스스로 신이 되어야 한다.

이것이 천국의 열쇠를 찾는 길이다.

In the world of all beings in the sky and earth In the human world

of the lowest spiritual level A rich and powerful man, A successful man, A popular and famous person, A pretty slim person, A tall, big man, A good talker, A man of great wealth, A snob, A strong pretender, A man of lies and deceit, A greedy and selfish person, And The wicked usually imitate the good guys.

But it's all about a stupid, meaningless, worthless life where thoughts and minds die.

It's also a vain thing that will die of sudden accidents, diseases, old age, or death.

A man who does not realize can not surpass a man who realizes.

For he who does not realize himself is a mere man ; he who learns himself is a great God.

Namely No faith or religion is helpful.

Man himself must be God.

This is the only way to heaven.

제149장

知己知道
지 기 지 도

자기 자신을 알면 길이 보인다.
If you know yourself, you can see a way.

 인류가 몸에 갇히게 된 옛 전설을 잠시 피력할 것 같으면, 본래 인간은 별에서 살아가는 영적 존재였지만 우주에서 처음 살로 만든 생물학적 몸이 개발된 후, 하늘의 영들은 재미 반 호기심 반, 서로 앞다퉈 몸을 입고 육체의 감각을 즐기는 풍토가 유행하던 시절이 있었다.

 그러나 무절제, 방탕, 사치, 향락 등 비도덕적, 비윤리적인 난잡한 생활로 그 정도가 극에 달함에 따라 당시, 우주 은하계 대부분을 장악하고 있던 사악한 행성 사령부에서 통제 차원의 특단의 조치를 강구한 것이 이른바, 몸을 즐기는 타락한 영들을 상대로 몸에 영을 가두어 아예 몸속에서 빠져나오지 못하게 잔인한 기술을 고안했으니, 그것이 곧 남자는 여자의 얼굴, 가슴, 엉덩이 같은 몸을 탐닉하게 해서 극도로 음탕하게 하고 여자는 남자의 얼굴, 근육, 육체미 같은 몸을 탐닉하게 해서 극도로 음란하게 하고 또는 남자와 남자, 여자와 여자 동성끼리 난잡한 성생활을 유도해서 거기에 빠지도록 하여 스스로 영적 능력을 잃고 영원히 몸만 추구하며 살아가도록 일종의 탐미(耽美: love of beauty) 효과를 노린 전자 심리 장치였다.

 원래 영적 존재들은 미세한 고유의 영적 파동을 방출하기 때문에 가령, 무엇을 갖고 싶어 하거나 무엇을 하고 싶어 하거나 등의 물질적 욕심에 빠지면 전자 장치와 파동이 결합되는 순간 영이 낚이게 하는, 기법은 단순하지만 고도의 원리로 되어 있어서 이 마법의 전자 장치에 걸려들면 영들은 꼼짝없이 덫에 갇히게 되어 몸에서 벗어날 수 없다.

말이 거창해서 환생이지, 이것이 불교에서 말하는 윤회의 기원이고 인간 출생의 비밀이다.

또한 이 보이지 않는 거대한 그물망 같은 영혼 포획 장치는

현재도 지구 대기권에 광활하게 펼쳐져 있는 상태이며 사실상, 인간의 영혼이 하늘로 가는 가장 큰 걸림돌로 수 영겁의 세월 동안 여전히 작용하고 있는 현실이다.

인간은 이 장치를 극복하기 위해서는 부단한 자기 성찰과 정신 수양을 통해 본성을 회복해야 한다.

사연의 내막을 보면, 사악한 외세에 의해 오늘날 인류가 기구한 인생을 살게 된 억울함도 깔려 있지만 냉철히 지적하면 슬기롭지 못한 인간 스스로의 문제가 더 컸던 탓에 그와 같은 재앙을 당한 것이다.

그러므로 사람은 부유하다고 해서 흥청망청 막살아도 안 되고, 어렵고 가난하다고 해서 이판사판 막살아도 안 된다.

부유한 자는 나쁜 욕심을 줄이고 베풂으로써 덕을 쌓아야 하고 가난한 자는 가난해도 정의와 진실에 살 줄 알아야 한다.

인간은 생각과 마음을 조율해서 극공의 순수에 도달할 때 고통의 생로병사를 끝낼 수 있다.

자신을 알고 깨우친다는 것은 결국 자기 자신의 운명을 위한 일이고 인류의 본래 고향, 천국과 직접 연관돼 있기 때문이다.

I want to briefly explain the ancient secrets that mankind has settled into living things.

Originally, humans were immortal beings living in stars, but after the first biological body made from flesh was invented, There was a time when the spirits of heaven enjoyed a great deal of fun, curiosity, and biological sense while wearing body clothes.

However, as the level of immorality, such as intemperance, debauchery, luxury, and taste has reached its highest level.

At that time, the evil planetary command, which dominated most of the universe, was looking for a special control-level measure against what we call the depraved spirits that enjoy the body.

He designed a cruel bioengineering technique that locks the soul inside the body and prevents it from escaping.

Its function and effect Men indulged in women's faces, breasts, and bodies.

Women obsess about men's appearance, muscles, money, Or maybe you're trying to induce a sex life of the same way.

You want to lose your spirituality, you want to live in search of your body.

It was an electronic device for the extermination of the human soul for the love of beauty Originally, spiritual beings emit their own microscopic waves.

For example, if you're obsessed with things or you're obsessed with material desires, The moment electronics and waves combine, the soul is caught.

The technique is simple, but it's high-level.

The soul is trapped in a body trap and cannot escape when caught by this magical device.

This is the origin of reincarnation, which is the origin of the Buddhist word.

be the essence of human birth Also, this huge, invisible capture device stretches out into the Earth's atmosphere.

In fact, the spirits of the Earth are the biggest obstacle to going up into the sky.

For tens of millions of years, it's still working in secrecy.

In order for humans to overcome this device, we must restore human nature through self-reflection and spiritual training.

In the story, there's an unfairness that has led to humanity's unfortunate life by evil forces.

If you point out coldly, the problem of the human being's own was even bigger, which led to the disaster.

Therefore A rich man must build virtue by giving away evil desires.

Though poor, they must live in truth and justice.

When humans coordinate their thoughts and minds and reach the purity of the skies, can end a life of endless pain and death Knowing and realizing yourself is ultimately about your destiny.

It is directly related to going to heaven, the former home of mankind.

제150장 我的道誨超越宇宙, 聽從我言回到天國
아 적 도 회 초 월 우 주   청 종 아 언 회 도 천 국

나의 도교는 우주를 초월한다. 나의 가르침을 따르는 자는 천국에 간다.
He who hears my words and follows them goes to heaven.

　인류는 인간만 유일한 지적 생명체라는 오만한 생각을 버려야 한다. 인간은 단지 창조된 무지의 생물체에 지나지 않음을 알아야 한다.

　따라서 나는 지난 수천억 년 동안 인류의 구세주로 깊이 인식되어 온 신의 본질에 대해 이야기한다.

　우주에는 인간이 알고 있는 지구, 화성, 수성,목성, 금성, 토성, 명왕성, 천왕성 외에도 지구 문명의 손길이 닿지 않는 헤아릴 수 없을 만큼의 무수한 별들이 있으니 쉽게 그 숫자를 대략 수천억 개로 셈한다.

　별 하나하나의 행성에는 달, 태양 같은 생명의 에너지원이 있다.

　또한 지구 인구와 비슷한 다양한 취향, 성격, 재능, 능력을 가진 수많은 영들이 마치 밤하늘의 별빛처럼 아득하게 존재하며, 그들은 인간처럼 육신을 가졌거나 무형의 영혼으로 각각 존재하며, 개별 성향에 따라 얼굴 모양, 신체 구조, 기능, 거주지 등은 행성의 중력과 대기, 지질 및 기후 조건에 따라 다양하며 사람 사는 방식과 흡사하다.

　다만 존재 수준과 환경이 상상할 수 없을 정도로 환상적인 삶을 공유한다.

　그들은 모두 만물을 창조한 신(神)적 존재들이며, 물리적 기적을 행할 수 있는 초자연적인 능력을 보유하고 있으며, 기본적으로 전지전능하며 선한 영혼을 지니고 있다.

아울러 천지를 통틀어 시간과 공간의 정신적, 물질적 세계에는 다섯 단계의 영적 존재가 다양한 방식으로 존재한다.

그중에 가장 수준이 높은 영성은

1. 자유(自由) 영혼

이 단계는 공존에 기반을 둔 정치, 경제, 사회 구조를 훼손하지 않고 개인적인 이익 논리에 개입하지 않으며, 자신의 뜻대로 무한대의 차원을 이동하며, 모든 종류의 몸과 세계를 넘나드는 자유로운 마음의 영혼을 말한다.

그 다음 레벨은

2. 유한(有限) 영혼

필요에 따라 몸을 사용하거나 사용하지 않을 수 있는 단계로, 가장 보편적이다.

이들은 주로 은하계 중심부에 모여 산다.

영적 존재들에게 부과된 제한 사항은 그들이 행사할 수 있는 힘, 능력, 기동성의 범위나 종류로 평가한다.

그 다음 레벨은

3. 인형(人形) 영혼

속칭, UFO로 잘 알려져 있는 외계인을 가리킨다.

이 부류는 은하계 사령부의 방침에 따라 우주를 비행하며 각 행성 관찰, 조사 등을 수행하고 가볍고 내구성 있는 소재의 인형 몸을 착용한다.

인형 몸은 기계 점검, 채광, 화학물질 취급, 네비게이션, CCTV, 컴퓨터 같은 물리적 작업을 위한 것이며, 호환성 있는 공구를 부대장치로 장착한다.

일종의 계급장 역할을 하는 형체 있는 몸 타입은 여러 단계의 등급이 있다.

그 다음 레벨은

4. 군인(軍人) 영혼

이들은 상상 가능한 유형, 무형의 적들을 감지하고 전투하고 소멸시킬 수 있도록 설계되어 행성 하나쯤은 바로 파괴할 정도의 막강한 군비(軍備)와 초자연적인 무기를 UFO에 탑재한다.

참고로, UFO와 눈 큰 외계인은 신경 구조로 제작되며, 인간의 몸처럼 가상의 물체로서 환영에 불과하며, 그것은 보이지 않는 영혼에 의해 원격으로 조종되기 때문에 현상에 나타나지 않는다.

근본적으로 하늘의 신적 존재들은 인간과 동일한 영적 존재의 개념이다.

그들은 텔레파시를 통해 빛의 스펙트럼을 구사하고 순간 이동을 시도한다.

사람은 이와 같은 원리를 모르기 때문에 하늘에서 나타나는 현상들이 신비롭게 보일 뿐이다.

또한 UFO는 일반적으로 알려진 둥근 비행접시 형태 외에 크기나 모양이 다양하고, 따로 기계 몸을 입도록 명령받은 영적 존재들도 있지만 대부분 기계 형태의 군인들은 텔레파시로 원격 조종되는 로봇으로 보면 된다.

마지막으로 가장 낮은 레벨은

5. 음식 영혼(Food Soul)

이 부류는 고뇌의 생로병사를 순환하는 생물학적 영혼으로 지각과 재능은 있지만 정신적, 도덕적으로 타락한 인간을 말한다.

이들은 영혼이 몸속에 갇혀 우주를 여행할 수 없으며, 살을 가진 존재는 중력의 압박, 극한 온도, 방사선 노출, 대기의 화학물질, 우주의 진공상태에 취약하다.

또한 음식물 섭취, 소변, 대변 배설, 수면, 대기 성분, 기압 등 이동할 때, 불편해서 우주복 같은 특별한 화학 성분의 구비나 조합 없이는 불과 수 분

안에 질식사하고 만다.

살 재질의 몸은 극히 제한된 범위 내에서만 견뎌낼 수 있기 때문에 몇 초 만에 수백 도씩 온도가 변하는 우주에서 군인 역할도 할 수 없을뿐더러 그들의 소형 전자 총 한 방이면 순식간에 유독가스 구름으로 증발하고 만다.

이들은 환생을 통해 생물학적 삶과 죽음을 무한 반복하며 또한 그들의 영혼은 이미 물질의 노예가 돼 있기 때문에 본래의 신비로운 영적 능력과 파워와 전생의 기억까지 모두 잃어버린 상태이다.

인간의 육신은 74조 년 전, 우주에서 발명됐다.

이것이 고대 우주의 사악한 무리들에 의해 인류가 억울하게 몸속에 갇히게 된 슬픈 전설이다.

그러나 냉철히 말하면 옛날이나 지금 시대나 인간이 재앙을 당하는 근본적인 원인은 자기 통제 부재의 지혜롭지 못한 인간 그 자신의 불찰이 더 크다.

인간이 고통의 육신을 벗고 천국에 가는 비밀 통로가 영적 자각이다.

그것의 구체적인 길이 인간 본연의 '생각'과 '마음'을 깨우치는 나의 순수 자연철학이다.

고로, 인간 세상은 삶의 본질을 다시 배우고 깨우쳐야 한다.

"너희가 어디서 이 고귀한 대 진리를 구하겠는가?"

We must discard the arrogant notion that humans are the only intelligent beings.

We need to know that human beings are just creatures of ignorance created.

So, I talk about the essence of God, which has been deeply recognized as the savior of mankind for the past several hundred billion years.

There are hundreds of billions of stars in the universe that humans do not know except Mars, Mercury, Jupiter, Venus, Uranus, and Pluto.

There are energy sources of life such as the moon and the sun around each planet.

There are also numerous spirits with diverse tastes, personalities, talents, and abilities similar to the Earth's population.

They have bodies like humans, or they exist as intangible spirits.

It is similar to the way people live depending on the gravity and atmospheric, geological, and climatic conditions of the planet But the level of existence and the environment share an unimaginable fantasy life.

They are all gods who created everything.

They have the supernatural power to do physical miracles.

He is basically omnipotent and has a good soul.

There are five levels of spirituality in every spiritual and physical world throughout the world.

The highest spirituality

1. Free Soul

This class does not undermine the political, economic, and social structure of the community.

Transcend personal logic and personal interests.

A free spirit that crosses all kinds of bodies and across the world.

And then the next level is⋯

2. Finite Soul

It is a step in which the body can be used or not used as needed, and is universal.

The limitations imposed on each spiritual being are assessed by the extent or type of power, ability, mobility they can exercise.

They usually live in the center of the galaxy.

And then the next level is⋯

3. Humanoid Soul

The term refers to an alien known as a UFO.

They fly into space according to the Galaxy Command's policy, observe and investigate each planet, and wear a lightweight, durable doll body The body of the doll is intended for physical work such as machine inspection, mining, chemical handling, navigation, CCTV, and computer, and is equipped with compatible tools as an accessory.

There are several levels of body type that serve as a class leader.

And then the next level is⋯

4. Military Soul

They are designed to detect, combat, and dissipate imaginary, tangible and intangible enemies, and carry powerful military and supernatural weapons to UFOs that can destroy every single planet.

For your information, UFOs and big-eyed aliens are made up of sophisticated neural structures.

Like the human body, it is just a virtual object and just a

hallucination.

It does not appear because it is remotely controlled by an invisible soul.

Essentially, the existence of the sky is the same spiritual concept as humans.

They use telepathy to tap into the spectrum of light and try to teleport. People don't know these principles, so the phenomena that appear in the sky look mysterious.

Also, UFOs have various sizes and shapes besides the commonly known type of round flying saucer, and there are spiritual beings who are ordered to wear separate mechanical bodies, but most mechanical soldiers are considered telepathy-controlled robots.

Finally, the lowest level of soul

5. Food Soul

They are the biological soul that circulates through life and death of anguish, an intelligent, talented, but mentally and morally corrupt human kind.

They cannot travel in space because their souls are trapped inside their bodies, and their flesh is vulnerable to the pressure of gravity, extreme temperature, radiation exposure, atmospheric chemicals, and the vacuum of the universe.

Also, when food is ingested, urine, feces, sleep, atmospheric composition, and air pressure are transported, they suffocate in just a few minutes without special chemical substances such as space suit.

They can't act as soldiers in a space that changes temperature by hundreds of degrees in an instant, and when a small electronic gun hits, they immediately evaporate into a toxic gas cloud.

And since their souls were already enslaved by matter, they lost their original mystical abilities, mental strength, and memories of their past lives.

The human body was invented in space 74 trillion years ago.

This is a sad legend that mankind has been enslaved by the evil forces of the ancient universe.

But frankly, the fundamental cause of human disaster, both in the old and now, is the missing self-control and the unwise themselves.

The secret passage from human suffering to heaven is spiritual awakening.

Its concrete path is my pure natural philosophy that awakens the thoughts and minds of human nature.

So, human beings, you have to re-learn and enlighten the meaning of life from the beginning.

"Where will you find this noble great truth?"

제151장 鬼鬼祟祟, 心猿意馬, 好心眼兒, 敞開心扉
귀 귀 수 수   심 원 의 마   호 심 안 아   창 개 심 비

생각이 음흉하고 당당하지 못하면 마음이 닫히고, 생각이 순수하고 떳떳하
면 마음이 열린다.
A bad idea closes your mind, Good thoughts open the mind.

속된 자는 속된 눈으로 세상을 보고 살아감으로 모든 것이 속되게 보일
수밖에 없다.

그러나 자연을 통달한 사람은 그 속된 세상에 몸을 담고 살면서도 마음
을 그르치는 생활을 하지 않음으로 속됨 속에서도 진리의 보화를 캐는 영
험한 눈을 지닌다.

그것을, 신의 눈이라고 한다.

The vulgar mind By living in the eyes of the world Everything can
not help but look vulgar.

But the philosophical mind of the world For not living in the
worldly world, but not living in sin, He has a magical eye for the
treasure of truth even in the world.

It is called the eyes of God.

제152장

天向之路, 碑樓之處
천 향 지 로 비 루 지 처

천국은 아무도 거들떠보지 않는 나지막하고 초라한 곳에 있다.
Heaven is in a low, humble place where nobody notices.

깨달음은 경치 좋은 절간의 처마 끝에 매달아 놓은 풍경소리에 있는 것
이 아니다

깨달음은 고풍스러운 성당의 엄숙한 제단이나 스테인글라스에 있는 것
이 아니다

깨달음은 웅장한 교회 철탑 위의 반짝이는 빨간 십자가에 걸려 있는 것
이 아니다

그저 돈을 돌로 볼 줄 알고, 나의 욕심을 줄여서 타인을 처지를 배려할
줄 알고, 거리를 떠도는 개와 고양이의 앙상한 몰골을 보면 괴로워할 줄 알
고, 남자가 여자의 몸을, 여자가 남자의 몸을 물건 덩어리로 여겨 아무 감
정도 일어나지 않는다면 그것은 세상 물정을 모르는 순진하고 숫기 없는
숙맥이 아니라 그 자는 이미 세상이 경배해야 할 인류의 신이다.

The realization is It is not from the sound of scenery hanging from
the eaves of the scenic temples.

The realization is It is not on the solemn altar of antique cathedral
or on Steingglass.

The realization is It is not on the roof of a grand church with a
shiny red cross.

Just.

Knowing how to put money to stone I know that I can be considerate of others by reducing my greed.

Seeing the scrawny figure of a dog and a cat wandering around the street, I thought it would be very painful.

When a man meets a woman's body, When a woman meets a man's body, If you think of it as a mass and nothing happens, It's not a naive, shy bigot who doesn't know the world.

He is the god of humanity that the world already invited to heaven should worship.

人生賢, 學成傻瓜
인 생 현 학 성 사 과

제153장

인간은 고결하고 총명하면 바보가 된다.
사람은 배우고 가르침으로써 무지에 갇힌다는 뜻. 인위적인 공부, 지식, 학문
이 아닌 자연의 순수성을 연구해야 한다는 뜻.
When a man is virtuous and intelligent, he becomes a fool.

인간이 지구 행성에 고립된 궁극적인 이유는 각자 영적 각성을 통해 영원한 신들의 고향, 별세계로 원상 복귀하는데 그 최종 목적이 있다.

황량한 대지에서 왕 노릇 하고 부귀영화를 누린들 인간은 죽음에 갇힘으로써 무수한 삶의 무상함을 낳는다.

따라서 사람은 하늘의 가르침에 눈을 뜨고 귀를 기울여야 한다.

그것이 달성되지 않으면 인간 본연의 존재 의미와 가치는 전부 그림의 떡에 불과하다.

사람의 도리에 밝아도 하늘의 세계에 어두우면, 아무리 후세의 칭송을 듣는 위대한 성인군자의 명철한 사상도 한낱 공허한 메아리에 그치고 만다.

인류의 참 스승이 되고자 한다면 사람의 도리와 함께 반드시 하늘의 이치를 마스터해야 한다.

오늘날 세상이 무자비하고 영악하게 변질된 원인에는 다른 요소들도 있겠지만 무엇보다 공자, 맹자, 소크라테스 같은 정신 상위의 현인·현자들이 자신이 처한 본질을 미처 자각하지 못함으로 인해 세상 사람들을 살못 가르쳐서 이끈 탓이 크다.

보통 사람은 배우고 따르는 입장이지만 그들은 최하 추앙받는 위치에 있다면 그 책임은 응당 그들이 져야 옳다.

자기 앞도 보지 못하는 자가 어떻게 신의 능력과 우주의 창조와 존재의 근원인 빛의 스펙트럼을 구성하는 거의 무한에 가까운 변화와 흐름을 알도록 다른 이들을 가르쳐서 천국으로 인도하겠는가.

고로, 지구인은 기억하라!

"인생은 깨달음이다!"

The ultimate reason why humans are isolated from the planet Earth is that The final purpose is to return to the Star, the home of eternal gods through spiritual awakening Being king in a desolate land and enjoying wealth and wealth also leads to a lot of life's vanity by being trapped in death.

So one should open one's eyes and listen to the teachings of heaven.

When it is provided or not achieved, the meaning and value of the human being is nothing but pie in the sky.

If you are wise but dark in the world of the sky, The wise thoughts of a saint, who has been praised by the most respected, are hollow echoes.

If you want to be a true teacher of mankind, you must master the laws of heaven as well as the ways of man.

There are other factors that have caused the world to become ruthless and clever today, but above all else.

Confucius, Mencius, Socrates.

It is also because the great wise minds of the upper classes of the mind have misrepresented the world by not realizing their true nature.

Ordinary people are taught and followed, but if they are in the lowest position of worship, they are right to take responsibility.

He who can not see himself can not understand how God's power and the creation and existence of the universe are the source of Will they teach others to know the almost infinite changes and flows that make up the spectrum of light and guide them to heaven?

So, Remember the Earthlings

"Life is enlightenment!"

如樂似錦
여 락 사 금

마치 아름답고 진귀한 것처럼 여긴다.
모든 것이 나 자신을 위한다 생각하고 '즐기듯이 도를 즐기다'.
진리는 심오하지만 정복하고 나면 인생이 개운하고 홀가분하다.
The truth is profound, but it is fun to master.

제154장

  나의 가르침은 목화솜처럼 한없이 부드러울 때가 있는 반면, 때로는 송곳처럼 날카롭고 면도날처럼 예리할 때가 있고, 때로는 숨도 제대로 못 가눌 정도로 매섭다.

  논하는 바는 모두가 자연 실사 그대로이며 꾸밈도 없고 조작도 없고 눈치를 보거나 의식하지도 않는다.

  동서고금을 막론하여 세상에는 난다 긴다 하는 고명한 책들과 수려한 글들이 태산같이 쌓여 있음에도 불구하고, 인간의 영성은 옛날보다 더 망가지면 망가졌지 무엇 하나 달라지거나 변화된 것이 없음으로 나는 단지 시대의 흐름에 맞춰 그에 걸 맞는 합당한 도를 행할 뿐, 어떤 사사로움도 담지 않기에 남달리 글 짓는 어법이 다르고 화법이 다르다.

  특히 그 당당함이나 떳떳함에 있어서는 신 위에 존재하고 우주 위에 존재한다.

  나 역시도 공자 왈 맹자 왈 점잔 빼며 적당히 비위나 맞추며 이따금씩 돈 되는 글도 쓰고 대충 인기 관리하면서 각양각색의 주제를 얼마든지 논할 수야 있겠지만, 그렇게 어중이떠중이처럼 세상을 살 것 같았으면 애초에 이 길을 가지도 않았을뿐더러 아예 붓을 들지도 않았다.

  글쓴이는 그렇다 치더라도 글을 읽는 자의 입장 또한 충분히 헤아리고

도 남음이니 간혹 글 내용이 자신의 색깔과 다르다 해서 반감을 갖거나 꺼림칙한 기분이 들 때도 있겠으나 그것은 세상 너희가 지금껏 한 번도 만나보지 못한 생생한 진리의 세계를 체험하기 때문으로 이에 소소한 불만이 있거나 불평이 있는 자에게 단호히 말한다.

그것은 너희가 세상의 눈속임에 빠져 스스로 인생을 잘 못 사는 것이지 본디 자연의 흙물을 먹고 자란 나의 가르침은 일체의 하자가 없다.

그 또한 수시로 나의 가르침을 듣다 보면 저절로 면역력이 생겨서 능히 다 극복될 부분으로, 장담하노니, 지구상의 누구든지 그 단계가 지나면 가랑비에 옷 젖는다고 어느 시점에 가서는 스스로 삶의 본질을 깨우칠 날이 올 테니 그 점은 염려하지 않아도 되고, 그때가 되면 오히려 크게 기뻐해야 할 것이다.

또한 글의 화두에 따라 집필의 변화를 꾀서 보다 알기 쉬운 문체와 교훈을 같이 담다 보니 문맥상 강한 어조가 붙기도 하고 또 본능적으로 글의 강도가 세지는 경우도 있는 것이니 나의 가르침은 겉치레보다는 내면의 관점에서 이해하면 보다 실속 있는 효과를 얻을 수 있다.

본래 세상에는 "이거다! 저거다!" 절대적인 진리는 없는 것이니 다만 살아감에 큰 범주 안에서 이렇게 살면 이런 결과를 초래하고, 저렇게 살면 저런 결과를 초래할 수 있으니 "지혜롭게 처신하라!"는 정도의 정신 길잡이, 즉 보편적인 인생 가이드라인만 제시해 주는 것이니 어떤 글이든 위축되거나 부담 갖지 말고 처지 구분 없이 항상 자유로운 분위기에서 즐기듯 도를 익혀야 할 것이다.

My teaching is While there are times when it is as soft as cotton wool, Sometimes it's as sharp as an awl and as sharp as a razor blade.

Sometimes it shines as sharp as an axe as it can't breathe properly.

Everything I discuss is just the nature of reality No pretense, no manipulation, no facial expressions, no consciousness.

Beyond all ages Even though the world is full of knowledgeable books and famous writings, Human spirituality is worse than ever, and nothing has changed or changed.

I just do the right thing from the viewpoint of the times.

I don't have cheating and self-interest, so the way I talk is different.

Especially when it comes to truth and justice, I am above God and above the heavens.

I can also write a wide range of topics that appeal to money and attention by making people feel better and sometimes meeting their needs with soft words. But If I had thought I would live in the world like a fool, I would not have taken this path in the first place, nor did I ever raise my pen in the first place.

Nevertheless, as a writer who writes for the world, I have enough mental space to understand the reader.

Sometimes, you feel uncomfortable or uncomfortable because of the contents of my writing, but it is because you are experiencing a world of vivid truth that you have never experienced in your life.

So I speak firmly to someone who has a small complaint about my writing.

It's just that you fall for the false world and ruin your life for yourself.

My teachings, naturally fed on the soil of nature, are flawless.

It is also easily overcome by familiarity and immunity by continuing to learn my teachings.

I promise you, whoever's in this world, You don't have to worry about it. Because at some point you will discover the true nature of life. You'll be very happy then as if your clothes were wet with dew.

It also includes easy-to-understand styles and lessons depending on the topic of the article.

So sometimes contextual content becomes stronger.

My teaching is more practical and effective in understanding from an inner perspective than from an outward appearance.

It's like, "This is it! That's it!" There is no absolute truth, and it only suggests the wisdom of living in such a large category to make such a result and to behave flexibly and judiciously because it can result in such a large category. Whatever the article, you should always enjoy it in a free atmosphere.

<table>
<tr>
<td>제155장</td>
<td>

從自然中拯求
종 자 연 중 증 구
</td>
</tr>
</table>

모든 것은 자연에서 구한다. 진리는 자연(순수)에 있다.
Everything comes from nature. Truth lies in nature.

과학은 생성된 물질만 주입시키고 창조주는 부정한다.

종교는 창조주만 세뇌시키고 물질의 창조는 부정한다.

이 두 가지 완벽한 모순 속에서 인류의 불행은 시작된다.

고로, 나는 말한다.

인간은 과학에 의존해서는 안 된다.

과학은 인간의 문명과 기술이 접근할 수 없는 우주의 기원에 대해 아무것도 모른다.

과학은 이미 창조된 물질의 에너지와 형상의 패러다임을 바탕으로 모든 자연 현상을 학문적으로 정의하기 때문에, 과학은 사람들의 눈과 귀를 덮음으로써 무지만 더 양산하는 암 덩어리와 같다.

예를 들어, 물리학자들은 인간의 멸망을 촉진시키는 핵폭탄 같은 대량 살상 무기를 만들어 비극의 악순환을 초래한다.

인간은 종교에 대한 맹신해서는 안 된다.

세상의 모든 종교적 관념은 망상의 산물이다.

종교의 뿌리는 고대의 단순한 "베다의 찬가"에서 잘못 유래되었다.

특별한 논리나 증거 없이 신을 맹목적으로 추종하는 사람들은 고대 인류를 영적인 노예로 만든 우주의 잔혹한 역사에 대해 아무것도 모른다.

종교는 고대 하늘의 악명 높은 우주 사령부의 잔재일 뿐만 아니라 수억 년 동안 인간의 행성 탈출을 막은 공범이기도 하다.

그러나 엄밀히 말하면, 종교인들 또한 선의의 피해자들이다.

그 당시, 그들은 인간의 정신적 회복에 대한 두려움 때문에 영적 자각을 막기 위한 수단으로 종교를 이용했다.

또한, 우주의 선한 존재에 의해 쫓겨난 악령들의 악행은 지구로 침투하여 오늘날 전 세계의 다양한 분야에서 인간의 심리를 원격 조종한다. 가령, 공산주의 통치자나 악의 논리를 고수하는 사람들이 그 징표이다.

따라서 사람들은 종교적인 직업, 설교, 책, 찬송가, 벽화, 신성한 물건, 기념일, 행사를 만나는 것을 특히 경계해야 한다.

그들은 세대에 걸친 종교적 세뇌에 의해 강요된 환경에서 일상적으로 사랑, 희생, 봉사, 구원, 영생, 천국을 외치지만, 만약 그들이 진실을 안다면, 그 배신의 상처는 언제 갑자기 폭발할지 모르는 시한폭탄과 같다.

그러므로 인간은 진정한 자아를 발견하기 위해서는 인위적인 것들을 멈추고 자연의 순수한 삶을 닮아야 한다.

존재의 원천인 '생각'과 '마음'은 현미경이나 망원경에 의해 측정되지 않는다.

그것은 책에 적혀 있거나 디자인되거나 포장되어 있지 않는다.

들꽃의 향기, 풀벌레 소리, 나비의 몸짓, 뒹구는 낙엽, 첫눈의 설렘, 실연당한 여인의 슬픔, 엄마의 손을 놓친 어린아이의 불안한 눈빛, 고통에 신음하고 굶주림에 지쳐 죽어가는 무수한 자연의 측은함.

그것은 30cm 플라스틱 자 같은 도구로 잴 수 있는 것이 아니다.

세상에 오염된 그 모든 가식과 인위적인 것들로부터 벗어날 때 영은 스스로 부활하고 스스로 승천한다.

즉, 진리는 궁궐에 있는 것이 아니다.

성당에 있는 것이 아니다.

그림 같은 저택에 있는 것이 아니다.

백화점 VIP 명품 매장에 있는 것이 아니다.

거래하는 은행에 있는 것이 아니다.

진리는 너희가 생각하고 마음 가지 않는 가장 춥고 외로운 곳에 버려져
있다.

Science brainwashes only substances produced except for the
Creator.

Religion brainwashes the Creator, but it excludes the creation of
matter.

In these two perfect contradictions, humankind misery begins.

Therefore, I say.

Man should not depend on science.

Science knows nothing about the origin of the universe where
human civilization and technology are inaccessible.

Science defines all natural phenomena academically based on the
paradigm of the energy and shape of the material already created.

Science is like a mass of cancer that produces more ignorance by
covering people's eyes and ears.

Physicists, for example, create weapons of mass destruction, such
as nuclear bombs that promote the destruction of mankind, resulting
in a vicious circle of tragedy.

Man should not blind faith in religion.

All the religious beliefs of the world are the product of stupide. The
roots of religion are misrepresented in the ancient simple "Praisement
Poetry of Vedas." People who blindly follow God without special
logic or evidence know nothing about the brutal history of the

universe that made ancient human beings spiritual slaves.

Religion is not only the remnants of the infamous Space Command in ancient skies, but also an accomplice in preventing the escape of human planets for hundreds of millions of years. But strictly speaking, religious people are also favorable victims. At that time, they used religion as a means to prevent spiritual awakening because of fear of human spiritual recovery.

Also, the evil deeds of demons being chased by good beings in the universe penetrate the earth and remotely control the human mind in various fields around the world today. For example, communist rulers or those who stick to the logic of evil are the signs.

Therefore, people should be especially wary of meeting religious occupations, preaching, books, hymns, murals, sacred objects, anniversaries, and events.

They routinely shout love, sacrifice, service, salvation, eternal life, and heaven under the circumstances imposed by generations of religious brainwashing, but the wound of betrayal, if they know the truth, is like a time bomb that can explode suddenly.

Therefore, humans must stop artificial things and resemble nature's pure life to discover the true self.

The sources of all spiritual beings, 'thoughts' and 'minds', are not observed by microscopes or telescopes.

It is not written, designed, or packaged in a book.

the scent of wildflowers, the sound of grassworms, a butterfly gesture, rolling leaves, a thrill of first snow, the sorrow of a woman lost in love, the anxious look of a young child who lost his mother's hand.

The compassion of countless natural creatures moaning with pain and dying of hunger.

It cannot be measured with material things like a 30cm plastic tape measure.

If you take away the polluted artificial things from the world, The soul resurrects itself and ascends to the sky.

In other words, the truth is be not in the royal court.

be not in the church.

be not in a beautiful mansion.

It's not in the VIP department store.

be not in the bank you deal with.

The truth is in the coldest and most lonely place you think and don' t care.

제156장 　漂浮在世人, 非常的信息
표 부 재 세 인 　 비 상 적 신 식

세상 인류에게 띄우는 매우 중대한 메시지.
a vital message to mankind.

　삼라만상을 통틀어 스스로 생각하고 결정할 수 있는 모든 정신적인 존재는 환영(幻影)의 원천이며 창조주의 본질이다.

　그들은 자유 의지를 가진 불멸의 영적 존재이며 전지전능하다.

　천지창조 전부터 그들은 모든 것에 대해 통찰력을 지닌다.

　그들은 마법의 초자연적인 힘을 가지고 있다.

　영적 존재는 장소를 상상함으로써 공간을 만든다.

　상상할 수 있는 곳과 그들 사이의 거리는 공간이 된다.

　그들은 다른 영적 존재에 의해 창조된 공간과 물체를 감지, 식별할 수 있다.

　영적 존재는 물리적 우주가 아니다.

　영적 존재는 세상의 모든 에너지의 근원이다.

　영적 존재는 공간과 시간을 초월한다.

　영적 존재는 무한한 공간과 에너지를 만들 수 있다.

　공간은 다양한 물질 입자로 채울 수 있고 수만 가지 형체를 만들 수 있다.

　형체에 에너지를 불어넣고 스스로 움직이도록 할 수 있다.

　영적 존재에 의해 움직이는 모든 것은 '생명체'가 된다.

　영적 존재는 식물, 동물, 사람 모든 몸에 스며들 수 있고 출입이 자유롭다.

　영적 존재는 공간 위치의 선택, 동의, 결정할 수 있다.

　그들은 자기 자신이나 다른 영적 존재 또는 다른 많은 영적 존재들에 의해 창조된 많은 종류의 환영이거나 물체들이다.

　인간의 몸은 다른 수많은 환영들 중 한 종(種)에 불과할 뿐, 인류는 수억만 년 동안 무지의 암흑 속에 갇혀 육체적 삶이 마치 자연 섭리인 것처럼 당연시 고착되었다.

　이것이 영혼의 본질이다.

　이것이 정신의 본질이다.

　이것이 마음의 본질이다.

　이것이 생각의 본질이다.

　즉, 생각은 곧 창조고, 창조는 곧 생각이다.

　그러나 인간은 불행하게도 거짓말, 욕심, 이기심, 위선, 가식, 증오, 질투, 시기, 교만, 폭력, 집착 등 사악한 영혼 에너지로 인해 과거의 신비한 능력과 전생의 기억 둘 다를 잃은 무지 무능한 상태다.

　인간은 물질적 안락과 육체적 쾌락에 빠져 삶을 낭비할 때가 아니다.

　만약 너희가 원하는 대로 자연의 조화를 부릴 수 있는 초자연적인 힘을 가지고 있다면 어떻겠는가?

　반대로, 아무것도 할 수 없는 막연한 처지에 갇혀 있다면 어떻겠는가?

　이처럼, 인간의 정신적 타락과 도덕적 부패는 엄청난 마이너스를 가져온다.

　너희가 나의 가르침을 따르든 말든 상관없다.

　나는 자각과 성찰의 날들을 통해 이미 나의 정체성을 회복했기 때문이다.

　나는 단지 너희를 연민하는 차원에서 진리의 메시지를 땅에 뿌린다.

　"생각 속에 길이 있고, 마음속에 빛이 있다!"

　이것이 너희가 집착하는 물질세계와 나의 현묘한 영적 세계의 절대적 차이점이다.

　그리고 그 어떤 간섭이나 도움도 없이 나는 단지 나의 영적 자산인 나의 생각과 나의 마음을 통해

　"나는 누구인가?"

"나는 왜 살고 죽는가?"

"나는 어디에서 와서 어디로 흘러가는가?"

이 영원한 수수께끼를 풀었고, 나의 근원을 되찾은바, 결국, 나는 신이었음을 깨달았다.

우주의 총령이었음을 깨달았다.

이제 너희는 그 허튼소리가 무엇을 의미하는지 이해할 것이다.

그러므로 나의 가르침을 믿고 따르는 자는 은하의 주인이 될 것이고, 나의 말에 고심하지 않는 자는 영원히 '지푸라기 개[6]'로 남을 것이다.

Up and down.

Every spiritual being who can think and decide for himself It is the source of illusion and the essence of creationism.

They are the immortality of free will and omnipotent.

Before the beginning of the century, they had an insight into everything.

They have magical supernatural powers.

Spirituality makes space by imagining a place.

Where one can imagine and the distance between them becomes space.

They can identify spaces and objects created by other spiritual beings.

Spirituality is not a physical universe.

The spiritual being is the source of all the energy in the world.

Spirituality transcends time and space.

Spirituality can create infinite space and energy.

---

6) 지푸라기 개: 제사 때 쓰고 밖에 내다 버리는 짚으로 짠 개 모양의 물건. 자연에 아무렇게나 방치된 쓸모없는 존재. 초구(草狗).

a dog woven of straw: articles used for ancestral rites and thrown out of the house a meaningless existence left to nature.

Space can be filled with various matter particles.

You can make tens of thousands of shapes.

It can inject energy into a shape and make it move on its own.

Anything that moves by a spiritual being becomes a physical life.

Spirituality can penetrate everything, plants, animals, and people and can enter freely.

Spiritual existence can select, agree, and determine the location of space.

They are created by many kinds of fantasies and bodies by themselves or other spiritual beings or by many other spiritual beings.

The human body is just one of many different kinds of illusions, mankind has been trapped in the darkness of ignorance for hundreds of millions of years, and physical life has been taken for granted as natural providence.

This is the essence of the soul.

This is the essence of the spirit.

This is the essence of the mind.

This is the essence of the thinking.

In other words, thought is creation, creation is thought.

But unfortunately, the human race Past memories and mysterious abilities have been completely destroyed by the evil spiritual energy of lies, greed, fraud, hypocrisy, false pretenses, hatred, jealousy, arrogance, violence and obsession.

What if you created the image you imagined, or if you had the supernatural power to command the harmony of nature at your disposal?

On the other hand, what if there were vague situations where nothing could be done?

Human beings are not the time to waste their lives on material comforts and physical pleasures.

Likewise, human mental and moral decay brings enormous negative effects.

I don't care if you follow my teachings. Because I have already regained my identity through endless days of recognition and reflection.

I write a big message of truth to the world just to pity you.

"There is a way to think, and there is light in your heart!"

This is an absolute difference between the material world you are obsessed with and my spiritual world.

And without any interference or help, I'm using my spiritual assets, 'thoughts' and 'minds'.

Who am I?

What is life and death?

Where do I come from and go?

I found the right answer to this eternal mystery and finally found my source.

Finally, I realized that I was a God.

I realized that I was the commander of the universe.

Now you'll understand what that nonsense means.

Therefore, whoever trusts in me and follows me will be the master of the galaxy.

Anyone who doesn't worry about what I say will remain a 'a dog woven of straw' forever.

人生在世
인 생 재 세

제157장

인생을 살면서 느낀 것.
The feeling of life.

인간 세상은 복잡한 개미굴 같고, 사나운 말벌 집 같고, 배부른 쥐들의 천국 같고, 사악한 뱀 소굴 같다.

그래서 가는 곳마다 부딪히고 가는 곳마다 말썽이 생긴다.

이곳은 결코 신이 살 곳이 못 된다.

The human world is It's like a complex ant house.

It's like a wild wasp.

It's like a full rat's paradise.

It's like an evil snake's den.

So wherever I go, I get into trouble.

This place is no place for God.

千頭萬緒
천 두 만 서

제158장

(사물·일이) 얼기설기 뒤엉키다. 심하게 뒤얽혀 있다.
가르침도 주기 아까운 하찮은 사람이 되지 말라.
쓸모없는 소인처럼 굴지 말라는 의미.
Don't be such a worthless little man to teach.

나는 세상을 구하기 위해 잠시 인간의 몸을 입고 있다고 말한 적이 있다.

그리고 경고했듯이, 나의 생물학적 삶이 끝나면, 너희는 두 번 다시 나의 가르침을 볼 수 없을 거라고도 했다.

그럼에도 불구하고, 몇몇 사람들은 나의 도를 전적으로 받아들이지 않는다.

그것은 그들이 여전히 교만하고 다른 사람을 질투하는 사악한 영혼을 가지고 있기 때문이다.

그것이 바로 너희가 인간 그 이상의 존재가 못 되고 황폐한 대지에 영원히 묶여있는 이유다.

나는 너희를 삶의 고통에서 벗어나게 하고 너희의 존재의 비밀을 풀어주려고 노력해왔다.

그래서 나는 지구 최초의 선례를 우주 '별에서 온 신'으로 정했다.

하지만 그들은 "무슨 뚱딴지같은 소리야?"라며 믿지 않는다.

그들은 논리적 반박 없이 날 이상한 사람으로 볼 수 있는지 모른다.

믿거나 말거나, 나는 말한다.

가라사대 나의 도교는 고요한 호수 위의 태양처럼 맑다.

나의 도교는 산골짜기를 흐르는 개울과 같은 자연 근원에서 나온다.

깨달음의 세계   349

나의 도교는 너희가 마치 매일 먹고, 자고, 입고, 씻는 것처럼 일상적이고 현실적이다.

내 가르침에 귀 기울이지 않으면 너희는 결코 이 행성에서 탈출하지 못할 것이다.

나는 너희와 놀고 있는 것이 아니다.

너희는 세상의 이치를 모른다.

너희는 너희 자신을 진혀 모른다.

실제, 보고 들을 수 있는 것은 아무것도 없다.

너희는 생각과 마음의 본질을 잃어버린 지 너무 오래됐다.

선한 것을 배우지 않고 반항하는 사악한 영성을 버려야 한다.

너희는 성소에 가서 기도하면, 누군가 내려와서 너희를 구원해줄 거라고 착각한다.

너희는 경치 좋은 절에 가서 불공을 드리면, 극락 간다고 착각한다.

하지만 그것은 모두 무의미한 몸짓에 불과하다.

너희는 먼저 너희가 우주고, 우주가 너희 자신이라는 것부터 깨달아야 한다. 즉 인간은 사소한 욕심을 버리고 큰마음을 갖는 것이 가장 중요하다.

그 후에 명상이 뒤따르고, 성찰이 따르며, 선함과 배움은 두 번째라는 것을 알아야 한다.

그것을 간과하는 것은 천국의 길이 아니다.

명심하라!

"가장 완전한 자는 가장 자연적인 자고, 가장 자연적인 자는 가장 초자연적인 존재가 된다."

I once said that I was wearing a human body for a while to save the world.

And as I warned you, when my biological life is over, you will never see my teaching again.

None the less still, some people don't accept my Taoism entirely.

That's because they are still arrogant and have an evil soul jealous of what others do well.

That is why you are no more than a human being and you are forever chained to the devastated land.

I've tried to free you from the pain of life and unlock the secret of your existence.

So I set the world's first precedent as 'God from the Star of the Universe'.

But they did not believe, "What's that nonsense?"

They don't know if they can just treat me as a weird person without logical rebuttals.

Believe it or not, I say.

karasadae, My Taoism is as clear as the sun on a calm lake My Taoism comes from a natural source like a stream running through a mountain valley.

My Taoism is everyday and realistic as if you eat, sleep, wear and wash every day.

You will never escape the planet unless you listen carefully to my teachings.

I'm not fooling around with you.

You don't know the logic of the world.

You don't know yourself at all.

In fact, there is nothing that can be seen and heard.

For it's been too long since you lost the essence of your thoughts and minds.

You must give up the evil spirituality in which you rebel without knowing how to learn what is good thing.

If you go to the sanctuary and pray, you will be mistaken for someone to come down and save you.

When you go to a scenic temple and bow down to a temple, you are mistaken to go to heaven.

But it's all meaningless gestures.

You must first realize that you are the universe and the universe is yourself. In other words, it is most important for humans to abandon petty greed and have big minds.

Then you must know that meditation follows, reflection follows, and goodness and learning is second.

It is not the way to heaven to overlook it.

Keep in mind!

"The most complete person becomes the most natural person, The most natural person becomes the most supernatural being."

제159장

神對人類說
신 대 인 류 설

신이 인간에게 말하다.
God talks to man.

나는 인류를 구하러 온 우주 총령이다.

지금 현생이 지나면 영원히 기회는 없다.

고로 먹고 살면 무엇 할 것인가, 입고 놀면 무엇 할 것인가.

보고, 듣고, 말하고, 활동하는 것이 무슨 의미가 있는가?

너희는 몸에 갇힌 유형의 허상임을 왜 모르는가?

너희는 살에 갇힌 유형의 허깨비임을 왜 모르는가?

너희는 피와 뼈로 조작된 유형의 허수아비임을 왜 모르는가?

너희는 땅에 갇힌 처량한 생물학적 인간 노예들임을 왜 모르는가?

육신은 탐욕, 욕망, 섹스 등 물질적 생체 아름다움을 추구하여 거기에 빠지도록 유혹하고 마냥 즐기게 해서 인간의 모든 죄행과 업보를 유인하는 윤회의 덫임을 왜 모르는가?

깨어나라.

또 깨어나라.

무위로 돌아가라.

영으로 돌아가라.

순수로 돌아가라.

자연에 존재하라.

너희는 거짓된 전설에 중독되어 있다.

너희는 거짓된 신화에 포로 되어 있다.

너희는 왜곡된 혼돈의 세계에 살고 있다.

너희는 스스로 의지를 단절했다.

너희는 스스로 생각을 상실했다.

너희는 스스로 마음을 파괴했다.

새들도 제 갈 길을 알고, 꽃들도 제 갈 길을 알고, 구름도 제 갈 길을 알고, 바람도 제 갈 길을 알고, 미물의 벌레들도 제 갈 길을 다 아는데, 사람이 제 갈 길을 몰라서 어찌 사람이라 할 것인가.

너희는 살아도 사는 것이 아니다.

너희는 있어도 있는 것이 아니다.

너희는 나의 말에 섬뜩해야 정상이다.

너희는 나의 말에 근심해야 정상이다.

너희는 나의 말에 고뇌해야 정상이다.

그런데 기색이 안 보인다.

너희는 자신을 알아야 정상이다.

너희는 진실로 배우고 깨우쳐야 정상이다.

너희의 죽은 영성을 회생해야 정상이다.

그런데 전혀 낌새가 안 보인다.

아예 미동도 하지 않는 것처럼 보인다.

천 년도 부족한가?

만 년도 부족한가?

얼마나 많은 망자의 세월이 필요한가?

언제까지 그렇게 다 무지의 강(江)만 건너고 있을 것인가!

I am the supreme commander of the universe who has come to save you all on earth.

There is no opportunity for ever after this present day.

So, What do you do when you eat?

What do you do when you wear and play?

What does it mean to see, hear, speak and act?

Why don't you know it's an illusion of the type trapped in your body?

Why don't you know that you are a type of phantom trapped in flesh?

Why don't you know that you are a scarecrow of blood and bone type?

Why don't you know that you are the pathetic biological human slaves trapped in the ground?

Why don't you know that the body is a reincarnation trap that leads to all sins and karma by attracting and enjoying the material and biological beauty of greed, desire, and sex?

Wake up Wake up again Go back to idleness.

Return to your original spirit.

Go back to innocence.

Be in nature You are totally addicted to false legends.

You are totally addicted to false myths.

You live in a world of distorted chaos.

You have cut yourself off from your will.

You've lost your ability to think on your own.

You have destroyed your mind.

Birds know their way.

Flowers know their way.

Clouds know their way.

The wind knows the way.

The bugs know their way.

How can a man be called a man because he doesn't know his way around?

You don't live.

You don't have it.

You have to be frightened by what I say to be normal.

It is normal for you to worry about what I say.

You are normal only if you suffer at my words.

But there is no sign of that.

You should know yourself before you become normal.

You are normal only when you are truly taught and enlightened.

You are normal only when you recover your dead spirituality.

But there's no such thing as that.

It doesn't seem to move an inch at all.

Is it a thousand years away?

Are you short of ten thousand years?

How many more years of death do we need?

How long will you all try to cross the river of ignorance?

제160장

登天道
등 천 도

등천도(천국으로 가는 길)
The way to Heaven.

모두가 한 방향으로 걸어간다고 그것이 길이 아니다.

그것은 무지의 길일 수도 있고, 함정의 길일 수도 있고, 고통의 길일 수도 있고, 절망의 길일 수도 있고, 파멸의 길일 수도 있고, 공멸의 길일 수도 있고, 영영 지옥으로 가는 길일 수도 있다.

너희가 왜 생물학적 존재가 됐는지?

너희가 왜 우주로부터 고립되어 있는지?

그 연유를 모르거든 함부로 악의 길로 들지 말라,

현실에서 깨어나라.

몸을 떠나라.

인간의 모든 육체적 집착과 물질적 욕심은 재앙의 늪이니 몸에서 벗어나라.

몸이 마음을 지배하게 하지 말고, 마음이 몸을 지배하게 하라.

영의 본질을 깨달아라.

고통스럽더라도 참고 견디며 자연의 순수함을 배우라.

보는 것에 속지 말고, 들은 것에 속지 말고, 배운 것에 속지 말고, 아는 바에 속지 말라.

너희가 진실이라고 주장하는 모든 것은 거짓이다.

진리는 보고 듣고 표현할 수 있는 것이 아니다.

진리는 아무도 찾지 못하는 가장 외딴곳에 있다.

그것을 보기 위해 생각의 힘을 단련하라.

마음의 에너지를 발견하라.

시간과 공간에 얽매이지 말고 생물학적 삶과 죽음에 연연하지 말라.

너희의 몸은 단지 현상계에 잠깐 나타나 있는 환영일 뿐이다.

가식, 위선 그리고 통념의 벽을 허물어라.

너희의 영혼을 사랑하고 자유롭게 하라.

현실보다 더 현실적인 환영을 무한히 창조하라.

그리고 어느 때고 진리에 서 있으라.

그윽한 선의 경지에 이르라.

그것이 너희가 영의 파동을 따라 천국으로 가는 비밀 통로

만물의 주체가 될 수 있는 유일한 하늘길이나니.

구름도 바람도 쉬어가는 인생휴게소

쥔장 풍월 최선달

Just because everyone walks in one direction is not the right path.

It could be a path of ignorance.

It could be a path of trap.

It could be a path of suffering.

It could be a path of despair.

It could be a path of destruction.

It could be a path of annihilation.

It could be a path to hell forever.

Why you're became biological being?

Why you're isolated from the space?

If you don't know that the reason,

Don't follow the path of evil recklessly.

Wake up from reality.

Leave your body.

All human physical fixation and material greed are swamps of disaster, so get out of your body.

Don't let the body rule the mind.

Let the mind rule the body.

Realize the essence of your spirituality Even if it is painful Hang in there and learn the purity of nature.

Don't be fooled by what you see.

Don't be fooled by what you've heard.

Don't be fooled by what you've learned.

Don't be fooled by what you know.

Everything you claim to be true is false.

Truth is not something that can be seen, heard, and expressed.

Truth is in the remotest place no one finds it.

Train the power of thought to see it.

Discover the energy of your mind Don't be tied down by space and time.

Don't dwell on biological life and death.

It's just a appearing briefly illusion.

Break down the walls of pretense, hypocrisy and conventional wisdom.

Love your soul and free.

Create an infinite fantasy that is more realistic than reality.

And Always stand on the truth.

reach the climax of a mature good deed.

That is the secret passage from you to heaven on the waves of the Spirit, The only sky road that can be the master of all things.

Clouds and winds also take a break <insaenghyugeso>

Life Master 風月 崔 仙 達.

王者歸來
왕 자 귀 래

제161장

왕의 귀환.
The Return of a King.

세상 사람들은 나의 가르침에 대해 속삭인다.

"아마 저 사람은 맛이 간 땡초일 것이다."

"먹고 살기 바쁜데 진리가 밥 먹여주는가?"

"진리를 알면 밥이 나와? 떡이 나와? 돈이 나와? 술이 나와?"

혹은

"저 사람은 아마 최소 수십 권의 책을 출판했을 것이다."

"아마 저 사람 집에는 두껍고 비싸고 좋은 책이 엄청 많을 거야."

"아마 저 사람 직업은 목사, 신부, 수도사, 종교지도자일 것이다."

"아마 저 사람은 고대 공자, 맹자 뺨치는 높은 수준의 지식을 가진 매우 박식한 사람일 것이다."

"아마 저 사람은 깊은 산 속에서 수십 년 동안 도 닦고 내려온 도사일 것이다."

결론부터 말하면, "땡! 땡! 땡!" 다 틀렸다.

나는 이미 오래전에 물질계를 떠나 있는 정신적 존재다.

따라서 당장 굶어 죽지 않는 한 인간적인 집착과는 거리가 멀다.

나 역시 한 시절 육체적 삶을 경험하며 너희처럼 세속적인 일을 추구하곤 했지만, 나의 정체성을 찾은 후, 나는 모든 것을 내려놓고 세상을 일깨우기 위해 다양한 정신적 메시지를 남겨왔다.

만약 너희가 "당신의 스승은 누구인가?" 굳이 내게 묻는다면

나의 스승은 힘 있는 자, 학식이 출중한 자, 돈 많은 자, 유명한 사람들이 아니다.

나의 스승은 자연에 고통받는 그 모든 연민의 존재들이다.

아울러 참고로, 나의 유일한 정신적인 가족을 소개하면 과거, 열악한 철장에서 구해온 귀여운 다람쥐 한 마리, 온순한 강아지 '꿈'이, 그리고 나의 생물학적 인생 한가운데에서 만난 운명적인 한 여인, 가식과 위선과는 거리가 먼 순수한 영혼의 소유자 일명 '신의 아내'라고 불러도 손색없는 나의 착한 처를 제외하고 특별히 소유하거나 추구하는 물질주의적인 것이 없다.

나는 세상의 고통과 슬픔을 이해하고 돌볼 줄 아는 작지만 큰 지혜를 가지고 있다.

그것이 인간 존재의 본질이고 나보다 남을 더 생각하는 마음이다.

다시 말하면 나는 인간으로 태어나 외롭고 청빈한 삶을 선택했다.

나는 인간으로 태어나 욕심 없이 진실된 삶을 살아왔다.

그 대가로, 시련의 순간도 많았지만 결국 난 우주를 얻었고 만물이 자연스럽게 내 손에 쥐어졌다.

이 모든 시간 여행이 끝나면, 나는 어떤 것의 힘도 빌리지 않고 오직 내 의지에 따라 나는 나의 영의 파동을 타고 우주에 오른다.

오늘날 인류가 영적 각성을 통해 스스로 천국에 가지 못한다면, 동서양을 넘어 지구인들은 나의 신전을 짓고 숭배하며 영원히 나의 존재를 찬양할 것이다.

그들은 영원한 혼돈의 땅에서 생물학적인 삶과 죽음을 거듭하며 여전히 자아의 미로 속에 갇혀 있을 것이기 때문이다.

하늘은 이것을 '왕의 귀환'이라고 한다.

People in the world whisper about my teachings.

"Maybe that person is a crazy monk."

"I'm busy eating and living. Does the truth feed me?"

"When a person learns the truth, does the rice come out?"

"Does the money come out? does the rice cake come out?"

Or

"Maybe that person has published at least a few dozen books."

"Maybe he has a lot of thick, expensive, and good books in his house."

"Maybe that's a pastor, a priest, a monk or a religious leader."

"Maybe he is a very knowledgeable man with a very high level of mental world that transcends ancient thinker Confucius and Socrates."

"Maybe that's a person who's been building and descending a Taoism for decades in the deep mountains."

To sum up, "Tin! Tin! Tin!" all wrong.

I am a spiritual being long ago away from the physical world.

So, as long as I don't starve to death right now, I'm far from a human obsession.

I once used to experience a physical life and pursue worldly affairs like you, but after finding my identity, I put everything down and leave a variety of spiritual messages for the awakening of the world.

If you say, "Who is your life teacher?" if you ask

My teacher is not a strong, intelligent, rich or famous person.

My teacher is the product of all the compassion that is suffering from nature.

For your information, if you introduce only my mental family, a cute squirrel from a poor cage, a gentle puppy name is 'Dream', And A fateful woman I met in the center of my biological life.

Pure soul owner who is far from pretense and hypocrisy, Except for my good wife, who deserves to be called God's wife.

There is no particular material possession or pursuit.

In other words I have a small but big wisdom to understand and take care of the pain and sorrow of the world.

It is the essence of human existence and the way to think about others.

I was born as a human being and I chose a lonely, clean life.

I was born a human and lived a life of truth without greed.

In return, I got the universe and everything got into my hands naturally.

After all this spiritual journey, I don't borrow the power of anything. only in accordance with my will I go to heaven on the wave of spirit.

If the people who live today cannot reach heaven through self-awareness, across the East and the West.

The world will build and worship my numerous temples and praise my existence forever.

This is because they will still be trapped in the maze of self, repeating their biological lives and death in the land of eternal Chaos.

Sky calls it the return of the great God.

第162章

至極躬傾
지 극 궁 경

물질계를 초월하여 신의 경지에 오른 사람.
A man who rose above the physical world to the heights of God.

"야 이놈아, 세상에 어디 신선이 따로 있다더냐. 자고로 인간이 욕심 없이 예쁜 꽃(道) 따먹고 살면 그 자가 바로 불사대각 신선(神仙)인 게야! 허허."

"Since you have been ignorant for tens of millions of years, you still think that God is hiding in another world. But when you achieve a life of pure truth without lying and greed, you need to learn and realize that you are God's essence. Do you understand my words now? Huh Huh!"

제163장 不醒心人, 杳小人物
불 성 심 인   묘 소 인 물

깨닫지 못한 사람은 무의미한 인간이다.
아무리 똑똑하고 능력 있는 사람도 자아를 얻지 못하면 무가치한 존재가 된
다는 뜻.
He who does not realize is only a meaningless human being.
No matter how smart and competent a man is, he is useless if he
doesn't get an ego.

사람은 왜 허기가 지고 갈증을 느끼는가?

사람은 왜 힘들고 졸리고 피곤함을 느끼는가?

사람은 왜 기침을 하고 하품을 하고 딸꾹질을 하고 배변을 쏟게 되는가?

사람은 왜 피부 각질이 벗겨지고 이가 흔들리고 머리카락이 빠지고 온
몸이 쑤시는가?

사람은 왜 오만 질병에 시달리고 그에 대한 통증을 호소하는가?

사람은 왜 나이를 먹고 주름살이 지고 허리가 굽고 뼈가 노화되고 숨통
이 끊어져 죽는가?

그것은 인간은 기술적으로 조작된 인위의 피조체이기 때문이다.

그러므로 수천만 년 동안 사람의 입에서 입으로 전해져 온

인류, 너희가 말하는 역사는 참다운 역사가 아니다

인류, 너희가 말하는 학문은 참다운 학문이 아니다

인류, 너희가 말하는 지식은 참다운 지식이 아니다

인류, 너희가 말하는 의술은 참다운 의술이 아니다

인류, 너희가 말하는 과학은 참다운 과학이 아니다

인류, 너희가 말하는 문명은 참다운 문명이 아니다

인류, 너희가 말하는 가족은 참다운 가족이 아니다

인류, 너희가 말하는 고향은 참다운 고향이 아니다

인류, 너희가 말하는 철학은 참다운 철학이 아니다

인류, 너희가 말하는 행복은 참다운 행복이 아니다

인류, 너희가 말하는 신학은 참다운 신학이 아니다

인류, 너희가 논하는 인생은 참다운 인생이 아니다

너희는 단지 수많은 시간과 장소와 수많은 얼굴과 수많은 이름으로 떠도는 정처 없는 회전목마에 불과할 뿐,

너희는 생명 제조 생산 공정을 거쳐 지구에 갇힌 수십 억 인종(人種)에 불과하다.

너희가 물질에 욕심을 내고 허구의 삶에 집착하는 이유가 여기에 있다.

너희는 참으로 어처구니없는 운명을 자초하고 있음을 직시해야 한다.

그럼에도 너희는 너희의 '생각과 마음의 본질'을 깨우치는 나의 연민어린 영적 가르침을 순수하게 받들지 않고 계속 불행한 과거에 머물고 있다.

너희가 아무리 물리적인 힘을 과시해도 자신의 본성을 회복하지 못하면 세상에 날고뛰는 그 누구도 진리의 체현자 나의 눈에는 하찮은 존재가 될 수밖에 없는 것이다.

Why do humans feel hungry and thirsty?

Why do humans feel physically tired?

Why do humans cough, yawn, hiccup and pack shit?

Why do humans have skin flossing, toothache, hair loss, and sore whole body?

Why do humans suffer from various diseases and complain of body pain?

Why do humans die from age, wrinkles, curves, old bones, and shortness of breath?

That's because humans are the kind of processed creatures that are technically created.

So it's been passed down from human mouth to mouth for millions of years.

Man, the history you're talking about is not a true history.

Humankind, the learning you're talking about isn't true.

Man, the knowledge you're talking about is not true knowledge.

Humankind, what you're talking about is not true medicine.

Man, the science you're talking about isn't real science.

Man, the civilization you are talking about is not a true civilization.

Man, the family you're talking about is not a real family.

Humankind, the life you're talking about is not a real life.

Humankind, your hometown is not a true home.

Man, the philosophy you're talking about is not a true philosophy.

Humankind, the happiness you're talking about is not true happiness.

Man, the theology you are talking about is not true theology.

Humankind, life you're talking about isn't

You're just a merry-go-round floating in the biological world with countless hours, places, faces and names from ancient times.

You're just billions of people trapped on Earth through life-making and production processes.

Here's why you are so obsessed with the virtual reality of ignorance.

You must face up to your own absurd destiny.

But you don't learn my pitying spiritual teachings pure enough to realize your thoughts and the essence of your mind, but you stay in an unhappy past

No matter how physically powerful you are, if you can't restore your spirit,

No one in the world can but be a trivial being to my eyes.

順天懷毒, 禍從口出
순 천 회 독   화 종 구 출

제164장

하늘의 가르침에 사심과 악의를 품는 자는 화가 따른다.
He who has faith and malice in God's teachings comes disaster.

학을 까마귀라 우길 수 없고, 까마귀를 학이라 우길 수 없다

검은 색을 희다고 할 수 없고, 흰 색을 검다고 할 수 없다

즉 선은 선이고 악은 악이다

사람은 자기가 잘하고 살아가는 부분은 잘하고 살아가는 부분대로 계속 이어가면 되고.

잘못 살고 있는 부분은 진실로 반성하고 고쳐서 자신의 나쁜 비행(非行)을 올바르게 바꾸면 그만이다

도둑이 제발절인다고 스스로가 생각해도 그릇됨이 있으면서 좋은 말을 듣길 바라서는 안 된다

그런 사람은 입바른 소리를 잘할지는 몰라도 사악한 영을 품고 있는 자다

본디 세상을 가르치는 선인(仙人)의 도는 인간의 사정을 두지 않는다.

A crane cannot be called a crow, nor a crow cannot be called a crane.

Black is not white, white is not black.

In other words, good is good and evil is evil.

You just have to keep on doing what you're good at and what you're good at.

The wrong part of your life is to truly reflect on it and correct it and change your bad flight correctly.

You shouldn't want to be malicious and listen to good words on your own.

Such a man may be a good talker, but he has an evil spirit.

The teachings of the saint who essentially saves the world do not concern human circumstances.

心腐壞者必怕死, 心健全人不怕死

제165장

심 부 괴 자 필 파 사 　심 건 전 인 불 파 사

마음이 부패한 자는 죽음을 두려워하고,
마음이 순수한 사람은 죽음을 두려워하지 않는다.
깨닫지 못하는 사람은 죽음을 무서워하고
깨달은 사람은 죽음을 두려워하지 않는다.
He who does not realize is afraid of death,
He who realizes does not fear death.

지금은 아니겠지만

지금은 여유 있는 듯 웃고 떠들며 큰소리치겠지만

사람은 막상 죽음이 닥치면 한없이 절망하며 세상의 공허함을 절실히 깨우치게 된다.

먹고 입고 일하며 바쁘게 살아왔던 날들이 다 부질없음을.

내가 왜 그 사람에게 그렇게 못 되게 굴면서 야박하게 했었던가를.

내가 왜 말 못하는 불쌍한 동물들을 외면하고 고통스럽게 했는가를.

내가 왜 그렇게 아무 것도 아닌 욕심 속에 허우적대며 살았는가를,

내가 왜 그렇게 인생을 바보처럼 쓸모없이 살아왔는가를,

그것을 생전에 미리 깨닫고 사는 것,

그것이 인간의 영이 생물학적 죽음을 건너 불멸의 세계로 갈 수 있는 마음의 길이다.

Not now, but⋯

Now, everyone's gonna laugh and talk and yell like they

When a man is faced with death, he learns the emptiness of the world with his heart in despair.

I've been busy eating, wearing and working.

Why did I act so mean to him?

Why I turned a blind eye to the poor animals I couldn't talk about and made them suffer.

Why have I been living in such greed that nothing is so great?

Why I've been so useless in my life,

To live in advance,

That is the way of the mind in which the human spirit can cross biological death and move to an immortal world.

제166장

愚者不敎, 貪者不敎
우 자 불 교   탐 자 불 교

어리석은 자, 욕심이 많은 자는 가르쳐줘도 모른다.
교만한 자, 욕심이 많은 자는 인생 자체가 무지 덩어리, 욕심 덩어리이기 때
문에 아무리 가르쳐줘도 모른다.

산골짜기의 옹달샘, 개천, 시냇물은 굽이굽이 강과 바다로 흘러든다.

이처럼 강과 바다가 계곡들의 왕이 될 수 있는 것은 가장 낮은 곳에 있
기 때문이다.

즉 세상 사람들은 나의 도는 크고 아름답지만 처음 봐서 조금 낯설다
고 말한다.

그것은 나의 도는 원래 거짓과 위선이 없기 때문이다.

나의 도를 비유하면, 아무도 찾지 않는 고즈넉한 야지에 홀로 핀 이름 없
는 들꽃과 같다.

그래서 세속적인 눈요기는 없지만 한없이 수수하고 담백하고 순수하고
당당하다.

만일 나의 도가 그런 자연에서 피어난 것이 아니라면 처음부터 걸음을
떼지도 않았을 것이거늘 사람 너희처럼 머리가 없는가? 재능이 없는가? 집
념이 없는가? 생각이 없는가?

그럼에도 왜 굳이 이 아득한 고연한 길을 유유히 즐길 것인가

그것은 흔하게 깔려 있지만 세상 사람들이 아무도 가지려고 하지 않
는, 나는 다음과 같은 세 개의 보물을 품고 있으니

첫째가, 살고 죽는 만물에 대한 자비로움이요.

둘째가, 무엇도 탐하지 않는 소박함이요.

셋째가, 세상에 나를 나타내지 않는 것이다.

스스로 나를 낮춰 몸을 숨기니 떳떳할 수 있고 소박한 삶의 태도를 가지니 널리 베풀 수 있고 함부로 세상에 나타내지 않기 때문에 사람들에게 돈, 인기, 권력, 명예, 존경을 구걸하지 않아도 되어 결국, 모든 존재의 왕이 될 수 있는 것이다.

요새 사람들은 자기를 낮추는 마음은 수양하지 않고 잘난 척, 있는 척, 강한 척, 높은 척, 대단한 척, 훌륭한 척 자신의 잘남을 쌓거나 과시하려고만 하며 나눔과 베풂의 정신적 바탕이 되는 소박한 청빈의 삶을 버리고 항상 풍족하기만을 바라며 세파에 찌든 사람들과 혼탁하게 어울려서 사사로운 이득을 구하거나 마냥 우쭐대고 싶어만 하는데 있는 사실 그대로 말하면, 그것은 모두 죽음의 나락을 향해 떼로 뛰어드는 것이다.

나를 낮춰 싸우면 승리하여 온 세상의 지존이 될 수 있고 몸이 다하면, 하늘이 그를 끌어올려 천국의 신비를 선물하게 된다.

사람들은 그저 욕심과 교만에 빠져 제멋에 취해 있으므로 이 어마어마한 세계의 진리를 깨우치지 못 할 뿐이다.

Ongdalsaem, Gaecheon, and streams of the mountain valley flow into the winding river and into the sea, respectively.

The river and the sea can be the kings of the valleys because they are in the lowest places.

In other words, people in the world say my teaching is big and beautiful, but a little strange to see for the first time.

That's because my teachings are like nature and there are no artificial lies or hypocrisy.

To paraphrase my teaching,

It's like a wild flower with no name on it alone in the wild where no one

So even without worldly pleasures, there is infinite simplicity, innocence, purity, and honesty.

If my teaching hadn't been of such a natural temperament, I wouldn't have taken the path of truth in the first place.

I am a person who has brains, talent, drive, determination, and thinking like you.

Nevertheless, the reason why I enjoy this lonely road is

Because I have three treasures in my heart that are common in the world but nobody wants them.

First, mercy of all things that live and die.

The second is simplicity, not coveting anything.

The third is not to show me to the world.

If you lower yourself, you will be pure.

If you are not greedy, you will be generous with everything.

If you don't show me to the world,

There is no need to beg for such superficial treatment as money, popularity, power, fame, and respect.

After all, I become the king of all beings.

People don't care to empty their minds.

They're just trying to show off their excellence.

Leaving the simple life of the Cheongbin, which is the spiritual foundation of sharing and giving, and hoping that it will always be abundant.

He wants to be with people, to seek private benefits, or to be proud of himself.

To tell you the truth, it's everyone running into the pack towards the fall of death.

Therefore

If you empty your mind and fight, you can win and become a world leader.

When the life of the human body is over, the heavens raise his soul and give him a gift of heaven.

People are only indulged in greed and hubris, and they simply fail to realize the truth of this vast world.

제167장

善善積善, 惡惡滔天
선 선 적 선   악 악 도 천

선한 것은 선한 대로 쌓이고, 악한 것은 악한 대로 쌓인다. 세상은 선악의 이
치 안에서 움직인다. 그러므로 사람 그 자신이 행하는 선업, 악업은 하나도
빠뜨리지 않고 반드시 그에 대한 대가가 따른다. 언뜻 말은 간단해 보이지만
실제는 굉장히 무서운 자연 법도이니 가슴 깊이 새겨 놓아야 한다.
Blessed are the good who live in the good, but evil ones accumulate
in the evil The world moves within the logic of good and evil, good
and evil always come with a price. Words seem simple, but they are
actually very scary nature way, so you have to keep them in mind.

고대 부처가 중생들을 위해 설법을 펼 때에는 사악한 자들이 빈정거리
며 뒤에서 흉을 봤다. 노자, 맹자, 공자, 소크라테스 같은 큰 지혜를 가진
도덕군자들이 사람의 도리를 역설할 때도 비슷한 증상들이 반복됐다. 그
것은 악인 스스로 그럴 만한 생각도 역량도 아무 것도 안 되면서 단지 시
기하고 질투하는 나쁜 마음이 작용하기에 그런 것일 뿐, 결국 그 결말은
어떤 사상이든 꿋꿋이 정직한 선을 행한 자들이 세상을 지배하게 된 것
이니, 인생에 무엇을 구현해야 할지는 자신이 결정해서 따르면 된다. 즉
사람은 죽은 뒤에야 그 진가가 발휘되고 빛을 보게 된다. 본디 인간의 내
면에는 자신의 주제를 모르는 아주 돼먹지 못한 라이벌 의식이 깔려 있기
때문에 살아서는 그 도를 쉽사리 수긍받기 어려운 것이 영악한 인간세상
의 현실이다.

When the ancient Buddha preached a sermon to save people from sin, the villain was sarcastic and backbiting. Similar symptoms were repeated when large wise moral soldiers such as Confucius, Mensius and Socrates emphasized human morality. That's because evil people across the ages have more bad energy like jealousy and greed than good energy.

After all, a pure idea based on honest good deeds will dominate the world.

You can decide what to do in your life and follow it clearly.

In other words, it is only after death that a man can see the true value and light of a man.

The reality of the human world is that sometimes it is difficult to accept the great teachings of the wise man who cares about the world. This is because in the mind of human beings whose spirituality is gone, there is a very bad sense of competition that does not know their subject.

行者由行
행 자 유 행

제168장

행한 것은 행한 자에게 돌아간다.
Blessings and calamities of what has been done go back to the man
who has done it.

전쟁과 질병과 빈곤과 자연재해가 끊이지 않는 지구는 본래 부정적 개념을 지닌 사악한 영들이 모여 사는 척박한 땅의 세계로, 우주의 수많은 별들 중 가장 고립된 행성 지옥이다. 따라서 사람들은 부처(佛) 같은 몇몇 정신 상위자를 제외하고는 그 안에 갇혀서 선행보다는 악행을, 선업보다는 악업을 더 많이 쌓으며 온갖 죄악에 빠져 살아간다. 그것은 사람들이 삶의 의미를 인간의 본질인 정신세계를 순수하게 구하지 않고 단지 살 껍질에 불과한 육신의 쾌락에만 집착한 채 악행만 일삼게 되므로 결국 영적으로 도태된 인간세상은 영원히 구제받을 수 없는 악의 카르마(karma)가 끝없이 돌고 돌 수밖에 없다. 그러므로 사람은 스스로 자신의 본성을 정직하게 깨우쳐서 악행을 멈추지 않으면 절대로 생로병사의 굴레를 벗어날 수 없게 된다. 만일 사람들이 자신이 저지른 나쁜 행위와 언젠가는 반드시 마주치게 된다는 것을 알았다면, 어떻게 타인을 해할 수가 있겠는가? 고로, 다른 사람들이 자신에게 해주기를 원하는 것을 다른 사람들에게 행할 줄을 알아야 한다. 거기엔 자기를 희생하는 선한 마음이 작용한다. 즉 선행도, 악행도 다른 사람들에게 행하는 모든 것들은 궁극적으로는 자기 자신에게 행하는 것이 되기 때문이다.

The Earth, where war, disease, poverty, and natural disasters continue, is the most isolated planet in the universe, where evil and cunning souls live with mostly negative thoughts.

Except for a few who have gone to heaven by spiritual awakening, people are living with all kinds of sins doing more evil than good.

It's not about seeking spiritual meaning, it's about pleasure in the body, and ultimately about a cycle of evil that cannot be saved.

So, one cannot escape the yoke of life and death unless one realizes one's nature and stops doing evil. If people knew that one day they would face the same bad things as they did, how can they bully others?

Therefore, just as others help you, you should be able to help others and live. There is a good heart at his sacrifice. That is, all you do to others, good or bad, will eventually be what you do to yourself.

제169장

此乃福星
차 내 복 성

'이것이 업이다'란 뜻.

    사람이 몸(身)과 말(口)과 생각(意) 삼구(三具)를 통해 자기(自己) 스스로 짓는 업(業:karma)은 사물에 비하면 마치 촛불에 타 내리는 촛농과 같은 것으로, 한 방울 두 방울 그 두께 만큼 쌓인 후 서서히 굳어 가는 것과 같다. 본디 모든 존재는 선도 악도 없는 공(空) 자체다. 그런데도 현상계에 보(報)가 일어나는 것은 순전히 업(業)이 낳은 과(果) 때문이다. 그러나 업도 실체가 없다. 가령, 자연에 설명하면, 밭(田)과 씨(種)가 서로 아무런 관계가 없지만 싹(芽)이 돋아나듯 업도 그런 이치이다. 이렇듯 업은 실체가 없는 것이지만 삶(生)을 통해 선악의 업을 쌓으면 그것이 업의 구실(原因)이 되서 보(報)를 받게 된다. 다시 말하면 인간은 어디까지나 옳고 그른 시비(是非)적 관념을 분간하고 그 처지의 명확성을 돕는 차원에서 선악을 따지지만 궁극적으로는 선도 악도 폭 넓게 이해하는 마음이 중요하다. 다만, 선도 악도 아닌 무흥업(無興業)[7]은 과보를 낳지 않는다. 즉 업을 초월하여 자연 만물을 배려하고 가엾게 여기는 거룩한 정신, 그것이 스스로 신(神)이 되는 길이다.

---

7) 업을 일으키지 않는 것.

智者無敵
지 자 무 적

제170장

세상의 진리를 마스터한 사람은 적수가 없다. 인간의 비교 대상이 아니다.
Spiritual master cannot be compared to human beings.

    속인(俗人)은 삶의 모든 초점이 물질에 맞춰져 있기 때문에 자신의 내면 세계를 알지 못 할 뿐만 아니라 물욕이 심한 탓에 수많은 업에 무방비 노출되어 있으므로 항상 생과 사가 불안하고 초조하다. 그러나 물욕과 동떨어져 철옹성 같은 정신세계를 구축하고 있는 사람은 이미 인간의 한계를 뛰어넘은 초능력(超能力)[8]의 경지에 있다. 즉 속인은 도 높은 현인의 마음을 알 길이 없지만 현인은 세상을 통달하여 천 리, 만 리 밖에 있는 사람의 마음속까지도 읽어내서 문자로 나타낼 수 있기 때문에 아무리 돈 많은 부자(富者)도 무소불위의 권력을 휘두르는 철권자(鐵拳者)[9]도 절로 고개를 숙일 수밖에 없다.

    Not only do people in the world not know their inner self because all the focus of life is on the pursuit of matter, they become slaves to many Karma because of their greed and are always anxious about life, death and what will happen after death.

    However, a man who is building a solid spiritual world is free from

---

8) 초자연적인 현상을 일으킬 수 있는 정신적인 힘, 크게 두 가지로 분류해서 기적 같은 형태로 자연의 조화를 부리는 물리적 능력 그리고 인간의 원초적인 기질까지 바꾸는 고도의 정신 능력을 말한다.
9) 덕 없이 완력으로 통치하는 권력자.

life and death because he is already in a supernatural position beyond human limits.

In other words, the people of the world cannot understand the minds of the wise, but the ignorance cannot help but lower themselves before the wise because the wise can read and express the world in writing.

*

천로
天路

흙으로 사발을 빚는다. 벽이 생기고 공간이 생긴다. 이를, 사람의 형체에 비유하면 몸은 벽을 뜻하고 마음은 공간을 의미한다. 즉, 영은 존재의 주체가 되고 몸은 허깨비다. 그러나 인간의 삶의 방식은 완전히 거꾸로 몸이 주체가 되고 마음은 전혀 신경을 안 쓴다.

用身體看求之不得(용신체간구지부득)
"몸으로 살면 진리는 구할 수 없다"
몸으로 보는 것은 보는 것이 아니며
몸으로 듣는 것은 듣는 것이 아니며
몸으로 얻는 것은 얻는 것이 아니며
몸으로 아는 것은 아는 것이 아니며
몸으로 쌓는 것은 쌓는 것이 아니며
몸으로 찾는 것은 찾는 것이 아니다
물질은 때가 되면 자연에 흩어진다.
몸은 하늘로 가는 가상 큰 걸림돌이다

형태 없음, 눈에 안 띔, 움직임의 움직임 없는 근원,
영의 무한한 본질이 우주의 기원이고 생명의 원천이다.
영은 자유 의지이며, 스스로이며, 불변의 자아 자체다.

그릇의 벽보다 공간이 중요하듯 몸보다 영이 중요하다.

눈, 코, 귀, 입, 손, 발 등 몸 각각의 움직임은 무언가에 무엇도 아닌 단지 음식 섭취에 의한 물리적 힘에 불과하다.

무엇도 아닌 영 그대로가 모든 형상의 에너지원이다.

시간과 공간을 초월하는 U,F,O 외계인이 답한다.

사람은 몸이 있기 때문에 고통과 공포를 느낀다.

몸의 집착을 버리고 정신에 살면 어찌 고통과 두려움을 알겠는가?

몸을 위해 살면 육신의 노예가 되고 영은 마음의 길을 잃고 방황한다.

인간은 그 자신의 생각이 욕심이란 불필요한 착각을 무수히 만들어낸다. 그런데도 현실의 눈속임에 빠져 환영이 아니라고 자신을 부정한다.

그런 자는 스스로를 고통의 땅에 가두는 불행한 존재가 된다.

현실을 직시하고 현실보다 더 현실 같은 환영을 창조하는 자는 보이지 않는 영의 파동을 따라 우주별로 가는 천국의 길을 만나게 된다.

The way to heaven

Brush the clay into a bowl. Walls and spaces. If you compare this to human beings, Body means wall The mind means space.

In other words, the spirit is the subject of existence and the flesh is the illusion.

But the human way of life is completely backwards.

The body is the agent of life and I don't care at all about my mind.

用身體看求之不得.

(young shin che gan gu gi bu deuk)

"If you want to live by yourself, you can never find the truth."

What the body sees, not what the body sees.

What the body listens to, not what the body listens to.

You don't get what you get with your body.

What the body knows is not known.

Physical structures are not built.

You don't look for what you find with your body.

Materials return to nature in due time.

The human body is the obstacle to heaven.

Formless, unobserved, non-moving sources ;

The infinite essence of the soul is the origin of the universe and the source of life.

The soul is free will, self, and self.

Just as space is more important than the wall of a bowl, the soul is more valuable than the body.

Each movement of the body is caused by a force, nothing, to anything.

The soul, nothing but the soul, is the source of all forms of energy.

U, F, O, and alien answer across time and space

Humans feel pain and fear because they have bodies.

How can you know pain and fear if you forget to take care of yourself?

When one lives for one's health, one loses consciousness and walks around.

Man makes countless unnecessary hallucinations that his own thoughts are greed.

Still, he denies it was a hallucination because he fell into the trap of reality.

It is the most unfortunate way in the world to lock yourself up in a land of torment.

If you're seeing reality and creating hallucinations that's more fantastic than reality,

Along with the invisible waves of the soul, you will come a secret passage to the universe's star world.

풍월 최선달의
인생후록(人生後錄)

  온 세상이 눈밭이다. 산도 호수도 들녘도 차도 집도 건물도 사람도 하얗게 덮었다. 천지가 쥐 죽은 듯 적막하다. 멸월의 전초인가 축복의 암시인가. 토닥토닥 숯 타는 화롯가에 앉아 손을 비비고 있다. 갓 떨어진 은행 알 같은 닭똥 냄새가 난다. 여름에 캐 저장해 둔 하지감자와 생밤 몇 개를 숯불 틈에 쑤셔 박았다. 솔솔 군내가 나면 동치미와 함께 한 입에 털어 넣을 참이다. 근데 불발이 시원찮다. 매서운 겨울바람 탓인 듯하다. 입으로 푸후 푸후 약발을 치니 화력이 돋는다. 사방이 함박으로 에워 쌓여 밤인지 낮인지 분간이 안 간다.

  ♪우우우우~ 백야(白夜)의 전설이 핀다. 운명이 진다. 그런들 어떠리 저런들 또 어떠하리 따뜻한 세월 품에 안겨 소탁이나 걸치고 어야둥둥 청산 낚고 살면 그만인 본디 세상만사가 풀 초(草) 같은 세상이련만, 그래도 치는 몸 생각해 술 좀 줄이라 한다. 술 줄이면 "이삼백 년 사는가 한 오백 년 사는가?" 했더니 여자 특유의 본능을 들추면서 삐죽 댄다. 살다 살다 훗날 명 다 해 바람풍에 회천(回天) 하거든 아무한테도 알리지 말고 굶주린 산 속 동물들 밥으로 던져 주라 했다. 그리곤 작은 돌멩이에 "구름도 바람도 쉬어가는 풍월(風月) 최선달(崔仙達)의 <인생휴게소>." 몇 자 적어

길 위에 아무렇게나 던져 놓으라 했다. 오가는 누군가가 주워 보고 "이 사람은 누굴까?", "이 사람은 지구인일까 외계인일까? 인간일까 신선일까?" 천년만년 궁금하게 만들라 했다. 그건 하라는 대로 순종하겠는데 귀한 몸 야생 짐승들 밥되게는 도저히 못 하겠다 한다. 그런 짓을 해야 하늘나라 간다 했다. 한동안 말이 없다. 그러다 대뜸 누구 과부 만들려고 하느냐며 역성을 낸다. 숙(淑)이는 풍월 최선달이 천상에 안고 갈 불멸의 사랑 각시라 했다. 화색이 피어 좋아 죽으라 한다. 그러든 말든 썩어도 준치라고 예전에 골동품 밀집촌인 서울 황학동에서 사온 구닥다리 트랜지스터라디오에서는 옛 여가수가 부른 '카츄사의 노래'가 삐져나온다. 첫사랑에 몸살 앓은 어느 여생의 순정가처럼 원하든 원치 않든 우리네 인생도 언젠가는 그렇게 다 아쉬움을 남기고 오던 길로 가지리라. 흙에서 왔으니 흙으로 가는 건 숙명의 법도거늘, 어느 누가 철벽 속에 숨어 생로병사(生老病死)의 자연 천칙(天則)을 피할 것인가.

아이는 순수를 먹고 어른은 추억에 산다. 쓰든 달든 곱든 밉든 빛나든 녹슬든 세월은 누구에게나 공평하게 주름이란 인생 계급장을 달아준다. 옛날 코흘리개 철부지가 어느새 청춘을 논하고 인생을 논하고 천하를 논한다. 아름다운 순리다. 아득했던 시절 그런 소년의 티 없는 눈빛과 소녀의 무지개빛 순수한 마음을 과연 몇이나 간직하고 살다 죽어 갈까. 태어날 땐 다 때가 묻지 않았다. 그러다 여드름이 솟고 검은 털이 나고 수염이 돋고서부터 스스로 사나운 어른으로 만들어버린다. 아, 욕심 때문에... 친구가 좋다지만 사랑이 좋다지만 추억이 좋다지만 가족이 좋다지만 부귀가 좋다지만 할 일이 많다지만 떠나기 싫다지만

我必死爲者(아필사위자)
나는 반드시 죽어야만 될 사람,

一死人不歸永(일사인불귀영)

한 번 죽은 인생은 영원히 돌아오지 않는다.

미움을 쌓이게 말고

슬픔을 쌓이게 말고

아픔을 쌓이게 말고

눈물을 쌓이게 말고

후회를 쌓이게 말고

악행을 쌓이게 말고

죄업을 쌓이게 말고

살아있음에 생각하고 생각함에 준비하라!

임시(臨時)에 거(居) 하라!

제생(諸生)은 모두가 눈처럼 녹아 사라지고 말 것들이다.

인생은 하룻밤 묵어가는 길 위의 여막(旅幕) 같은 것,

머물던 자리 더럽히지 말고

살았던 자리 욕되게 하지 말고

죽음 끝까지 정직한 사람의 흔적을 남겨라.

그것이 너희가 척박한 땅 위에 태어난 태초의 이유임을 깨우친다면…

모자란 듯 지니고 물처럼 유유히 공(空)에 흐르라.

손에 쥐고 등에 쥔 건 모두가 거짓된 근심이니라!

어제 죽은 '스마트 폰' 최초 개발자 스티브 잡스란 자가 말하지 않던가,

"나는 세상을 헛살았다. 나의 인생 최대 후회는 사후세계(死後世界)를 대비하지 못했다. 어리석은 욕심에 불멸(不滅)을 잃었다. 당신들도 곧 만고를 통곡하며 내 뒤를 황망히 따를 거라고… 그것이 인생의 본질(本質)이라고!"

출간에 부처
words according to publication

수천 편의 블로그 게시물을 한 권의 책에 담는 것은 어렵다. 책자에 실리지 않은 '인생휴게소'의 가르침은 책 못지않게 희귀하고 중요하다. '인생휴게소'에 기록된 모든 자연의 진리의 메시지는 인간 구원의 정신적 토대를 이룬다. 내 책은 인간 세상의 그 어떤 물질적, 금전적 가치와도 비교할 수 없는 초강력적인 의미를 담고 있다. 내 책은 단지 생물적 삶과 죽음에 대한 것이 아니다. 나의 책은 인간 존재의 궁극적 본질 즉, 고대 잃어버린 영혼의 영원한 보상에 관한 것이다. 그러므로 나의 책은 시대를 초월하여 인류 역사상 가장 큰 정신적 교훈이 될 것이다. 나는 이 책이 자신의 영적 뿌리를 찾는 모든 지구인들에게 축복으로 이어지길 바란다.

It is difficult to edit thousands of blog posts in a book. The teaching of 'the resting place of life' that is not in the booklet is as rare and important as books. The message of all nature's truths recorded in the "Rest Area of Life" constitutes the spiritual foundation of human salvation. My book gives a super powerful meaning that cannot be compared with any material and monetary value in the human world. My book is not just about biological life and death. My book is about the ultimate essence of human existence: the eternal reward of the ancient lost soul. Therefore my book will be the greatest spiritual lesson in the history of mankind, beyond all time. I hope this book leads to a blessing for all the earthlings looking for their spiritual roots.

2019년 2월 28일

구름도 바람도 쉬어가는 인생휴게소

원장 風月 崔 仙 達

인생휴게소 블로그 https://blog.naver.com/dalma5747

구름도 바람도 쉬어가는~풍월 최선달의 〈인생휴게소〉.